DOPER SA CARRIÈRE D'ENSEIGNANT

Éditions d'Organisation
Groupe Eyrolles
61, bd Saint-Germain
75240 Paris Cedex 05

www.editions-organisation.com
www.editions-eyrolles.com

Catherine Coudray-Betoulle

DOPER SA CARRIÈRE D'ENSEIGNANT

PARTIE 1
CERNER SES OBJECTIFS ET APPRENDRE À SE VENDRE

PARTIE 3
CHANGER RADICALEMENT OU DIVERSIFIER SES ACTIVITÉS ?

PARTIE 4
S'ORIENTER VERS UN NOUVEAU MÉTIER

ANNEXES

Cerner ses objectifs et apprendre à se vendre

Faire son bilan de compétences, mettre à plat ses objectifs professionnels

Bien dans ses baskets ou besoin d'air ?

Non, entrer dans l'enseignement ce n'est pas entrer en religion ! Votre dévouement est certes une bonne chose, mais il ne s'agit pas d'aller jusqu'au sacrifice, sous peine de sombrer dans une bonne dépression qui sera également préjudiciable à votre travail. Le prof est un être humain comme les autres, qui a ses baisses de régime, son besoin de s'épanouir… sauf que l'Éducation nationale ne l'oblige pas à se remettre en question pour garder sa place, comme le font les entreprises privées. Alors il doit apprendre à se prendre en main, et, si nécessaire, se secouer un petit peu…

UN BILAN : POURQUOI ET COMMENT ?

Les besoins des enseignants

Pour un prof, l'avenir – même dans l'univers un peu chaotique d'un établissement difficile – semble tout tracé, de l'entrée dans la carrière jusqu'à la retraite.

Certains s'en satisfont très bien : ils recherchent cette sécurité et leur métier leur convient. Ils veulent cependant connaître la façon «normale» dont leur carrière va se dérouler, ainsi que les moyens de rendre leur travail plus constructif, d'accélérer un peu leur évolution et de contrer les crises de ras-le-bol passagères. Aucun bilan ne s'impose alors : se contenter de se tenir au courant des possibilités de mutation et d'évolution de carrière est suffisant.

D'autres ont besoin de changement, de projets d'envergure – dans leur travail ou en parallèle de ce dernier – pour garder la foi… ou pour passer à autre chose! Parfois, leurs loisirs leur permettront de combler leurs attentes. Dans d'autres cas, des changements professionnels pourront peut-être s'imposer.

> **BON À SAVOIR**
>
> Le bon âge pour se poser des questions ? Il n'y en a pas ! Vouloir savoir à quelle sauce on va être mangé est légitime à tous les stades de la carrière. Quant au ras-le-bol, il peut intervenir à tout moment, même si la trentaine/quarantaine est un moment particulièrement propice…

Vos besoins

Pour mieux cerner votre situation, vous devez essayer de déterminer ce que vous êtes, ce que vous voulez et quelles sont vos contraintes, jusqu'à être capable de formuler clairement ces différents éléments.

Puis, il s'agit de vous informer sur le déroulement logique d'une carrière d'enseignant du second degré, pour voir si cette dernière peut réellement correspondre, à long terme, à vos aspirations et comment améliorer votre quotidien.

Enfin, il importe de connaître les possibilités de changement de métier ou d'activités parallèles qui s'offrent à vous, ainsi que les conditions requises pour les mettre en œuvre. Car après le constat, il faut agir…

Cet ouvrage est là pour vous guider dans toutes ces étapes.

> **BON À SAVOIR**
>
> Même si vous avez en tête un projet précis, soumettez-vous à un bilan personnel puis confrontez les résultats aux missions et qualités personnelles qu'implique le poste que vous visez (et les modalités d'obtention de ce poste).
>
> Certaines évolutions de carrière semblent logiques pour un enseignant (intégration d'un corps d'inspection ou de personnel de direction) et peuvent attirer certaines personnes, qui vont s'engager dans l'une de ces voies sans se rendre compte que cela ne leur correspond pas vraiment…

SE POSER LES BONNES QUESTIONS
ET REGARDER L'AVENIR EN FACE

Il s'agit d'identifier vos atouts et lacunes, vos savoir-faire et savoir être, aussi bien du point de vue de vos qualités personnelles que de vos compétences professionnelles, ainsi que de cerner avec précision ce qui vous convient ou non dans votre travail actuel.

Ces questions ne sont pas exhaustives, n'hésitez pas à évoquer d'autres points qui vous tiennent à cœur, notamment ceux relatifs à la sphère extraprofessionnelle.

Ici, pas de case à cocher avec un résultat miracle à la sortie, dans le genre : « *Vous avez obtenu entre 20 et 30 points : vous vous épanouissez dans l'Éducation nationale. Ne changez rien !* » Nous ne sommes pas dans un magazine, et c'est de votre avenir qu'il s'agit ! Le but est de vous guider dans une réflexion qui doit être *personnelle* et *approfondie*. Répondez aux questions par écrit, en étayant et en illustrant vos propos par des exemples.

Mon métier, mes connaissances, mes compétences

Pourquoi ai-je choisi ce métier ? Ces raisons sont-elles toujours d'actualité ?

Avais-je envisagé une autre voie professionnelle ? Pourquoi ai-je renoncé ?

Ai-je des regrets quant à l'abandon d'une autre voie professionnelle ?

Est-ce que je vais en cours avec plaisir ? Avec lassitude ? Avec angoisse ?

Est-ce que j'apprécie mon public ? Pourquoi ?

Parler en public m'est-il agréable ?

Est-ce que je me sens à l'aise devant mes classes ?

Ai-je le sentiment d'avoir des problèmes d'autorité ?

Est-ce que je me considère comme un(e) bon(ne) enseignant(e) ?

Est-ce que j'aime ce que j'enseigne ?

Est-ce que je fais régulièrement évoluer mes cours ? Est-ce que je me tiens au courant de l'actualité de ma discipline ?

Ai-je envie d'aller plus loin dans ma discipline, sur le plan théorique ? Ai-je besoin de me sentir expert(e) dans mon domaine ?

Est-ce que je doute de ma capacité à faire autre chose qu'enseigner ?

Est-ce que je me sens bien dans mon établissement? Si ce n'est pas le cas, pourquoi?

Est-ce que je m'implique dans la vie de mon établissement?

Ai-je le sentiment d'exercer un métier valorisant?

L'exercice de sa profession constitue-t-il, de mon point de vue, un élément essentiel pour l'épanouissement d'un individu?

Mes qualités, ma personnalité

Est-ce que je supporte bien l'autorité?

Est-ce que je m'entends bien avec mes collègues, avec ma hiérarchie?

Est-ce que je préfère travailler seul ou en groupe?

Ai-je déjà dirigé des projets? Comment cela s'est-il passé?

Est-ce que j'aime diriger les autres?

Est-ce que j'aime aider les autres, leur donner des conseils?

Est-ce que je sais écouter?

Suis-je diplomate?

Suis-je organisé(e) dans mon travail?

Les tâches administratives (personnelles ou professionnelles) me plaisent-elles, ou sont-elles pour moi une perte de temps?

Puis-je mener facilement plusieurs projets de front, ou ai-je besoin de me concentrer sur un élément à la fois?

Suis-je plutôt perfectionniste ou plutôt superficiel(le)?

Est-ce que j'aime le risque?

Suis-je capable de prendre rapidement des décisions?

Ai-je des besoins de reconnaissance?

Ai-je confiance en moi?

Mes contraintes

Est-ce que je connais le monde professionnel extérieur à l'enseignement?

Suis-je mobile?

Serai-je aidé(e), sur le plan familial, pour concrétiser d'éventuels désirs de changement?

Puis-je me permettre une baisse momentanée de mes revenus ? Ai-je, au contraire, particulièrement besoin d'argent ?

Puis-je me permettre de prendre des risques ?

Est-ce que je me sens capable de renoncer, à court ou long terme, à mes horaires de travail et/ou à mes vacances ?

Synthétiser cette réflexion et bâtir un projet concret et réaliste

Vous plier à l'exercice de la réalisation de CV (▶ fiche 5) vous permettra de faire le point sur vos expériences passées et de mettre en évidence les qualités et compétences dégagées à l'occasion de votre bilan. Peut-être la création de ce document sera-t-elle pour vous l'occasion de prendre conscience de la richesse de votre parcours, remède souverain pour restaurer une confiance en vous qui aura été mise à mal.

Vous pourrez alors examiner le panorama des possibilités qui s'offrent à vous, en adéquation avec vos aspirations et vos capacités. Vos réponses à certaines des questions posées plus haut devraient vous permettre de rester réaliste. Peut-être vous rendrez-vous alors compte que votre malaise peut être dissipé facilement, sans bouleversement professionnel notable !

Si ce n'est pas le cas, essayez de trouver une voie correspondant à vos attentes et acharnez-vous à y réussir. Prenez de très nombreux renseignements sur les réalités des fonctions que vous visez, sans pratiquer la politique de l'autruche. Et n'oubliez pas que l'herbe n'est pas toujours plus verte dans le pré du voisin !

ET POURQUOI PAS UN VRAI BILAN DE COMPÉTENCES ?

La loi de modernisation de la fonction publique du 2 février 2007 et son décret d'application du 15 octobre 2007 intègrent la notion de droit et de congé pour bilan de compétences, dans la continuité d'un arrêté de 1997 qui avait instauré, pour les fonctionnaires, le bilan professionnel.

De quoi s'agit-il ?

Le bilan de compétences, réalisé avec l'aide d'un organisme, permet aux agents d'analyser leurs compétences, aptitudes et motivations, en vue de définir un projet professionnel.

Sa durée est de 24 heures maximum, qui peuvent être réparties dans le temps selon différentes modalités. Il comprend une phase préliminaire, une phase d'investigation et une phase de conclusion.

Les conditions

Le congé pour bilan de compétences est de droit. Il faut pour en bénéficier totaliser au moins dix ans de service effectif et envisager une évolution fonctionnelle ou géographique.

La procédure

En règle générale, les fonctionnaires doivent formuler leur demande au plus tard 30 jours avant le début du bilan. L'administration donne sa réponse dans les 15 jours. Renseignez-vous auprès de votre rectorat.

Le bilan doit être financé par l'administration sur les crédits de la formation continue.

Et n'ayez pas d'inquiétude quant à la confidentialité des résultats. L'organisme qui réalise ce bilan n'en communique les résultats à personne d'autre que vous !

> **BON À SAVOIR**
>
> Vous pouvez tout à fait vous rendre compte que votre projet n'était pas le bon. Si les élèves ne sont pas à l'abri d'erreurs d'orientation, les enseignants non plus… Essayez cependant de ne pas trop papillonner dans toutes les directions : votre découragement éventuel ne ferait qu'empirer…

Alors ? Comment vous sentez-vous ? Bien dans votre job ou en quête d'autre chose ?

Le champ des possibilités est plus vaste qu'il n'y paraît.

Bonne exploration !

Bien faire son travail avant tout…

Les petits profs modèles

Si, après quelques années d'expérience, bien enraciné(e) dans l'institution, vous allez en cours en traînant les pieds, cela ne signifie pas nécessairement que le temps est venu pour vous d'envisager des bouleversements radicaux dans votre carrière. Le « ras-le-bol » passager vis-à-vis des élèves (parce qu'ils sont impolis, qu'ils sont nuls, alors que vous, à leur âge…) est un sentiment on ne peut plus classique, voire complètement normal… Pour éviter, cependant, que cette lassitude ne se transforme en dégoût profond, il importe de réagir au plus vite. Voici quelques pistes à explorer pour essayer de repartir d'un bon pied.

AMÉLIORER SON ENSEIGNEMENT

Malgré tous leurs défauts, les élèves savent parfaitement faire la différence entre un prof motivé et sérieux, et quelqu'un qui ne prend pas son travail à cœur. Faire des efforts vous permet de prendre plaisir à enseigner et d'améliorer votre image, ce qui n'est pas sans incidences (positives) sur l'ambiance de travail de la classe.

BON À SAVOIR

Et pourquoi pas un petit temps partiel pour vous faciliter la vie ? Le temps partiel est de droit dans certains cas, notamment à la naissance d'un enfant, et jusqu'aux trois ans de ce dernier. Vous pouvez également solliciter un temps partiel sur autorisation. Ce dernier n'est pas automatiquement accepté.

La demande doit être faite avant la fin du mois de mars, pour l'année scolaire suivante. Le temps partiel, accordé pour une année scolaire, est renouvelable trois fois par tacite reconduction.

Un peu d'autoformation

Nulle nécessité de vous inscrire en formation pour vous tenir au courant des évolutions de votre discipline. Un bon bouquin actualisé et une lecture régulière de la presse spécialisée devraient vous permettre de vous remettre à flot, si vous vous êtes laissé(e) engluer dans la routine et le confort de resservir, tous les ans, les mêmes cours à vos élèves. Ces derniers sont souvent ravis de faire la relation entre le cours et l'actualité (quand la matière s'y prête).

Changer de méthodes

Il y a les méthodes pédagogiques officielles, et il y a celles que l'on applique, qui ne sont pas toujours les mêmes… à part le jour de l'inspection, bien entendu (▶ fiche 9). En tout état de cause, éviter la lassitude en cours, pour soi comme pour ses élèves, implique de varier les plaisirs. Quelques suggestions, non exhaustives…

- Élaborer vos propres exercices. « Inventer » des sujets est très gourmand en temps, mais tellement plus satisfaisant que de photocopier des manuels ! À tester de temps en temps.
- Utiliser des supports variés. Vidéo, diaporamas, etc. Pourquoi ne pas vous lancer dans la construction d'un site Web (ou d'un blog) pour compléter vos enseignements et communiquer avec vos élèves ?

Faire évaluer vos enseignements par vos élèves

L'inspecteur vous donne, certes, son avis sur votre enseignement, mais cela n'est peut-être pas assez fréquent… Par ailleurs, son intervention n'est que ponctuelle.

Si vous avez l'impression que l'enthousiasme n'est pas au rendez-vous pendant vos séances, vous pouvez solliciter les conseils de vos élèves. Il ne s'agit pas ici de sombrer dans une démagogie de bas étage. Il est clair qu'apprendre n'est pas toujours drôle et que vos interventions ne peuvent donc pas être en permanence des parties de franche rigolade.

L'idéal est de concevoir un questionnaire à faire compléter, en fin d'année, de façon anonyme, sur l'évaluation des points négociables (ce qui n'est pas le cas du contenu du programme !). Vous pourrez notamment évoquer des éléments comme l'équilibre écrit/oral, la fréquence des contrôles…

Votre marge de manœuvre est évidemment plus grande pour les classes qui ne passent pas d'examen à la fin de l'année, ou encore si vous êtes affecté(e) dans l'enseignement supérieur.

> **BON À SAVOIR**
>
> Le but du jeu n'est pas de permettre aux élèves de se défouler contre vous ou contre vos collègues ! Les questions que vous posez doivent être précises et un choix de réponses doit être proposé (oui ou non, choix multiple...). Une question ouverte, avec quelques lignes permettant de s'exprimer librement, est largement suffisante pour l'ensemble du document !
>
> Par ailleurs, votre questionnaire doit être clair, et donc bref et structuré. Élaborer ce type de document ne s'improvise pas : procurez-vous des modèles de questionnaires de satisfaction (vous devez en recevoir régulièrement, comme tout le monde) pour en analyser la forme.

Vous aurez ainsi de la matière pour toiletter vos cours, et peut-être même l'agréable surprise de constater que vos élèves ont apprécié votre travail de l'année. Rien de tel pour retrouver le moral !

EN PRATIQUE

Voici des extraits d'un questionnaire d'évaluation des enseignements de Communication/Expression en Diplôme universitaire de technologie (DUT) Informatique. Ce questionnaire a été complété par les étudiants à l'issue des deux années de DUT, lorsqu'il n'y avait plus d'examen. Il était anonyme.

LE CONTENU DE L'ENSEIGNEMENT

1. L'enseignement global de la communication en DUT vous paraît-il en adéquation avec les objectifs du diplôme ?
   ❑ oui   ❑ non

2. Cochez les propositions correspondant, selon vous, aux différents thèmes étudiés tout au long des deux années.
   – La communication non verbale :
   ❑ Utile   ❑ Inutile   ❑ Assez approfondi
   ❑ Pas assez approfondi ❑ Aucune opinion
   – La communication verbale :
   ❑ Utile   ❑ Inutile   ❑ Assez approfondi
   ❑ Pas assez approfondi ❑ Aucune opinion

.../...

.../...

– L'insertion professionnelle :
❏ Utile   ❏ Inutile   ❏ Assez approfondi
❏ Pas assez approfondi   ❏ Aucune opinion
–... (Une ligne par thème)
❏ Utile   ❏ Inutile   ❏ Assez approfondi
❏ Pas assez approfondi   ❏ Aucune opinion

3. La répartition des exercices entre prestations écrites et orales vous convient-elle ?
❏ oui   ❏ non
Si vous avez répondu non, souhaiteriez-vous plus :
❏ d'écrit   ❏ d'oral

LES MODALITÉS DE NOTATION

4. Jugez-vous le nombre de contrôles par semestre :
❏ suffisant   ❏ insuffisant

5. Les contrôles vous paraissent-ils globalement :
❏ très faciles   ❏ faciles   ❏ difficiles   ❏ très difficiles

LE SEMESTRE

6. Le système exposés/débats vous convient-il ?
❏ oui   ❏ non

7. Si vous avez répondu non, pour quelle(s) raisons(s) ?
....
....
....
....

POUR CONCLURE

8. Les techniques abordées en communication vous ont-elles déjà servi ?
❏ oui   ❏ non

9. Pensez-vous avoir progressé en communication au cours des deux années de DUT ?
❏ oui   ❏ non

10. N'hésitez pas à formuler toute remarque ou suggestion concernant les enseignements de C/E, au dos de cette feuille.

Changer de niveau...

... ou de matière, si votre spécialité vous le permet.

Si vous avez une certaine ancienneté dans l'établissement, peut-être vous laisse-t-on les mêmes classes d'une année sur l'autre, souvent pour vous faire plaisir! Eh bien, n'hésitez pas à vous donner du travail supplémentaire en demandant un peu de changement!

S'OXYGÉNER AVEC SES ÉLÈVES ET/OU S'IMPLIQUER DANS SON ÉTABLISSEMENT

Sorties pédagogiques

Organiser une sortie ou un voyage n'est certes pas simple, mais cela permet d'illustrer vos enseignements, ainsi que de connaître vos élèves sous un autre jour. Visites d'institutions, d'entreprises, échanges linguistiques, conférences, spectacles... la plupart des matières se prêtent à des incursions dans le monde extérieur. Une bonne occasion, pour vous aussi, d'enrichir votre culture.

Gestion de projets en tous genres

Cela peut se concevoir dans le cadre de vos enseignements, mais également, de façon plus vaste, dans le cadre de l'établissement ou du foyer socio-éducatif (FSE).

Il n'est pas rare que le besoin d'adultes se fasse sentir pour encadrer des projets d'élèves (atelier photo, journal de l'établissement, projets artistiques, participations à des concours...). N'hésitez pas à proposer vos services si vous avez des compétences à faire partager, que ces dernières soient liées à votre discipline ou à vos passions extraprofessionnelles. Et n'oubliez pas que, loin de vous contenter de vous intégrer à l'existant, vous pouvez constituer une force d'impulsion pour créer l'événement. Des capacités d'organisateur, des nerfs solides, de la disponibilité et une bonne dose d'énergie sont requis, mais une grande satisfaction (liée notamment au fait d'obtenir des résultats concrets) est souvent la récompense de tous vos efforts.

Participation aux conseils ou comités de l'établissement

Vous pouvez proposer votre candidature aux élections des représentants du personnel au conseil d'administration (CA) de votre établissement. Il s'agit d'un scrutin de liste. C'est parmi les membres du CA que sont élus les représentants du personnel siégeant à la commission permanente, au comité d'éducation à la santé et à la citoyenneté (CESC), au conseil de discipline et au conseil de la vie lycéenne (CVL).

Quant aux membres du conseil pédagogique, ce sont des enseignants volontaires.

Si vous avez déjà tenté tout ce qui est mentionné sans en être vraiment satisfait(e), la situation est peut-être plus grave qu'il n'y paraît, et c'est un des changements radicaux évoqués plus loin qu'il vous faudra envisager.

Pratiquer la veille informationnelle pour saisir les opportunités

Toujours prêt !

Lire régulièrement la presse et y glaner, entre autres éléments, tout ce qui concerne les fonctionnaires en général, l'éducation et les enseignants en particulier, toujours jeter un coup d'œil aux différents panneaux d'affichage qui ornent les murs de votre établissement : c'est déjà très bien ! Tout le monde ne le fait pas. Mais si vous souhaitez avoir un rôle actif dans votre gestion de carrière, même sans envisager des bouleversements fondamentaux, cela ne suffit pas. Alors, suivez le guide…

LES SOURCES D'INFORMATION

Les textes de référence

À la source de tous vos droits (et devoirs), se trouvent un certain nombre – ou plutôt un nombre certain – de textes dont la nature ne vous est peut-être pas familière si vous n'avez pas une formation juridique :

- des lois, qui émanent du pouvoir législatif (parlement) ;
- des actes administratifs, qui émanent du pouvoir exécutif (central ou non). À cette catégorie appartiennent les décrets, arrêtés, circulaires, notes de services, notes techniques… Ces actes peuvent être généraux et s'appliquer à toute une catégorie de personnes, ou individuels, à l'instar des arrêtés divers et variés (nomination, changement d'échelon…) qui ponctuent votre carrière.

> **BON À SAVOIR**
>
> Vous n'êtes pas uniquement concerné(e) par les textes qui touchent à l'Éducation nationale : n'oubliez pas, notamment, que vous êtes fonctionnaire avant tout et que de nombreux éléments fondamentaux vous concernant figurent dans les statuts de la fonction publique.

Comment manipuler cette manne d'informations ?

Si vous voulez être informé(e) régulièrement des changements qui vous sont imposés et des opportunités qui peuvent se présenter : lisez la presse pour avoir connaissance des grands textes qui régissent la vie des fonctionnaires et de leur contenu succinct (vous n'allez pas compulser quotidiennement le *Journal officiel*!), et survolez régulièrement le *Bulletin officiel du ministère de l'Éducation nationale* (*BOEN* ou *BO* pour les intimes – publication des actes administratifs émis par le ministère de l'Éducation nationale ou le concernant), qui est disponible chaque semaine sur le site Web du ministère, ainsi que ses hors-série et numéros spéciaux.

> **BON À SAVOIR**
>
> Vous pouvez vous abonner gratuitement à une édition électronique du *BOEN* sur le site du ministère.

Si vous avez des questions et/ou un projet précis, il va vous falloir mener une recherche par références (si vous les avez) ou par mots-clés dans l'une des sources indiquées dans la partie suivante.

> **BON À SAVOIR**
>
> Vous devez être attentive (tif) aux suites données aux propositions de la commission sur l'évolution du métier d'enseignant. Quand on sait que le droit va changer, il faut être particulièrement vigilant !

OÙ TROUVER CE QUE VOUS CHERCHEZ ?

Sur le Web

Si vous disposez d'Internet, nombreuses sont les sources sur lesquelles vous pouvez trouver aussi bien de l'information simplifiée que des textes à l'état brut. Le tableau ci-dessous vous en propose un petit florilège généraliste, mais non exhaustif (trop d'info tue l'info…).

Les principales sources d'information

http://www.education.gouv.fr	Doit-on encore présenter le site de notre cher ministère ? L'actualité du système éducatif, la carrière des personnels du ministère, le BOEN… on y trouve beaucoup de choses et de nombreux liens… Deux problèmes cependant : il est assez difficile de s'y retrouver et l'on trouve fréquemment des informations obsolètes ou contradictoires.
http://eduscol.education.fr	Le site pédagogique du ministère de l'Éducation nationale. Un peu austère mais très riche. Le terme « pédagogique » doit être entendu dans un sens assez large : vous y trouverez, par exemple, tous les éléments utiles relatifs à la formation continue des enseignants…
http://fonction-publique.fr	Le site du ministère de la Fonction publique vous informe clairement sur la vie professionnelle des fonctionnaires.
http://bifp.fonction-publique.gouv.fr	Il s'agit d'une banque de données juridiques inter-fonctions publiques. Tous les textes concernant les trois fonctions publiques (d'État, à laquelle vous appartenez, territoriale et hospitalière) y figurent, y compris les arrêtés et circulaires. L'interface n'est pas très conviviale, et il vaut mieux savoir précisément ce que l'on recherche, mais ce site peut être très utile.
http://www.legifrance.gouv.fr	Pour ceux qui veulent du « brut de brut ». Peu adapté aux non-juristes, ce site permet cependant d'accéder aux textes de notre joli droit français (quel qu'en soit le domaine), ainsi qu'à de nombreuses décisions de justice (notamment, pour ce qui nous intéresse, dans des affaires opposant des fonctionnaires à l'administration). Précieux pour une utilisation ponctuelle.
http://www.service-public.fr	Site généraliste sur les droits des citoyens. L'information y est très claire et de nombreux liens vous sont proposés. Vous y trouverez notamment des infos sur les métiers de la fonction publique et les concours. À explorer.

N'oubliez pas, enfin, de consulter le site de votre rectorat, pour accéder aux circulaires, notes rectorales… et, de façon générale, aux informations propres à votre académie (plan de formation des personnels…).

Dans des brochures et cédéroms

Vous ne disposez pas d'un accès facile au Web ? Même dans votre établissement ? Pas de panique, il existe quand même des moyens de vous informer.

Le *BO* existe toujours en version papier. Vous devez le trouver auprès du centre de documentation de votre lycée ou de votre collège.

Ensuite, concernant les textes qui n'y paraissent pas, ou ceux qui sont parus il y a un bon bout de temps, il existe un outil qui s'appelle le *Recueil des lois et règlements (RLR)*. À conseiller également à ceux qui utilisent Internet. Il s'agit d'un cédérom (naguère, un ensemble de gros bouquins), mis à jour régulièrement, qui rassemble l'ensemble des textes législatifs et réglementaires concernant l'Éducation nationale, la jeunesse et les sports. Pour le consulter, renseignez-vous dans votre établissement ou auprès du centre départemental de documentation pédagogique (CDDP) le plus proche de chez vous.

QUELQU'UN PEUT-IL RÉPONDRE À VOS QUESTIONS ?

Rectorat et ministère

Tous ces textes vous rebutent ? Vous préféreriez avoir affaire à un être humain omniscient susceptible de répondre à tous vos problèmes (et ce sans délai, s'il vous plaît…). C'est parfaitement compréhensible… mais aussi complètement illusoire !

Si vous êtes syndiqué(e), tentez, en premier lieu, de vous renseigner auprès du représentant de votre syndicat.

En tout état de cause, ne confiez pas vos doutes et angoisses face à votre avenir à un employé du rectorat ou du ministère : personne ne gérera mieux votre carrière que vous. Aussi, pour demander des informations à ces vénérables institutions, il faut déjà s'être renseigné(e) et avoir réfléchi par soi-même, pour poser les bonnes questions.

Les « recruteurs »

Si vous êtes intéressé(e) par des postes particuliers figurant au *BO* (ou ailleurs), l'erreur monumentale consisterait à vous contenter, comme un bon élève, de suivre la procédure à la lettre, sans effectuer aucune démarche supplémentaire. Le respect des textes, c'est fondamental, mais ça ne suffit pas…

Le petit plus qui fera la différence sera le contact que vous prendrez par téléphone (voire en vous déplaçant, quand c'est possible), pour prendre des renseignements complémentaires sur le poste (grâce auxquels vous pourrez mitonner une lettre aux petits oignons), mais aussi pour vous présenter et tenter de démontrer votre motivation à l'interlocuteur.

Pour finir ce petit tour d'horizon généraliste de la veille informationnelle, précisons qu'un bon carnet d'adresses (un réseau) et le fait d'avoir toujours une oreille qui traîne quand on entend parler de carrière constituent également des sources d'information privilégiées.

Congés, disponibilité, détachement

Vivre libre…

C'est merveilleux d'être fonctionnaire ! Le traitement n'est certes pas ce que l'on pourrait espérer de mieux, mais les avantages sont indéniables et l'un d'entre eux n'a pas de prix : la sécurité de l'emploi ! Tout cela est bel et bon, et fait considérablement saliver nombre de salariés du secteur privé… Mais on pourrait, à cet égard, citer aux envieux Le loup et le chien *de La Fontaine « – Qu'est-ce là ? […] – Le collier dont je suis attaché. » En effet, contrepartie logique de la sécurité, la liberté de mouvement est, pour le moment, assez réduite. Avant d'en arriver à briser vos liens avec la démission, qui est irrévocable, il existe quelques moyens de leur donner un peu de mou…*

LES CONGÉS

Les congés auxquels les enseignants peuvent prétendre sont légion, mais la plupart n'ont aucun rapport avec la carrière au sens strict… et ne seront donc pas traités ici, même s'ils peuvent être un bon moyen de souffler un peu.

D'autres, très courts et plus spécifiques, sont évoqués dans les fiches traitant des thèmes auxquels ils se rattachent.

Le congé de formation professionnelle

Il s'agit, comme son nom l'indique, d'un congé destiné à améliorer votre formation professionnelle, au cours duquel vous conservez les mêmes droits que si vous travailliez : ancienneté, avancement… Vous percevez 85 % de votre traitement brut pendant douze mois, consécutifs ou non (rien après, mais il ne faut peut-être pas pousser…) ! En contrepartie, vous devez être dévoué(e) à l'administration pendant une période représentant le triple de celle pendant laquelle vous avez perçu l'indemnité (soit trois ans maximum).

Pour en bénéficier, vous devez avoir à votre actif trois ans de service effectif dans l'administration. Ce congé se demande au recteur 120 jours au moins avant la date de début de la formation. Vous pouvez vous voir opposer un refus, justifié notamment par le fonctionnement du service.

La durée totale du congé ne peut excéder trois ans (pris en une ou plusieurs périodes), sur l'ensemble de votre carrière. À l'issue du congé, vous retrouvez votre poste.

Le congé de non-activité pour raison d'études

Beaucoup moins intéressant que celui qui précède, il ne mérite pas une attention soutenue.

En gros, il s'agit d'un congé d'un an, renouvelable cinq fois. Aucune ancienneté n'est requise mais… aucune indemnité n'est versée. À réserver à ceux dont les parents ou le conjoint (selon leur âge) peuvent « assurer la matérielle ».

TEXTES FONDAMENTAUX

- Loi n° 83-634 du 13 juin 1983 et loi n° 84-16 du 16 janvier 1984, modifiées par la loi n° 2007-148 du 2 février 2007.
- Décret n° 2007-1470 du 15 octobre 2007.
- Loi n° 85-607 du 14 juin 1985.
- Arrêté du 23 juillet 1981.
- Note de service n° 89-103 du 28 avril 1989.

LA MISE À DISPOSITION

La séparation la plus douce d'avec l'Éducation nationale. Les liens avec elle restent très forts…

C'est la situation du fonctionnaire qui, bien que demeurant dans son corps d'origine et continuant à percevoir la rémunération correspondante, effectue son service dans une autre administration que la sienne. Les conditions de travail sont fixées par l'organisme d'accueil. La mise à disposition peut être faite au profit d'administrations centrales, collectivités locales... ou tout autre type d'organisme, public ou privé, d'intérêt général.

Il existe déjà des conventions de mise à disposition entre le ministère de l'Éducation nationale (MEN) et d'autres administrations. Dans ce cas, les postes sont publiés au *BOEN*. La demande (de votre part ou de celle de l'organisme qui souhaite vous accueillir) doit être formulée auprès de votre autorité hiérarchique. La commission administrative paritaire (CAP) compétente donne son avis.

La durée est de trois ans renouvelables. Vous êtes réintégré(e) à l'issue de la période prévue ou avant, à votre demande, celle de l'institution qui vous accueille, ou encore celle de notre cher ministre, qui ne peut, décidément, pas se passer de vous !

TEXTES FONDAMENTAUX

- Loi n° 84-16 du 16 janvier 1984, modifiée.
- Décret n° 85-986 du 16 septembre 1985.

LA DISPONIBILITÉ

C'est la position du fonctionnaire qui, placé hors de son administration ou service d'origine, cesse de bénéficier de ses droits à l'avancement et à la retraite. À noter qu'il ne perçoit plus de traitement ! Seule la disponibilité sur demande sera évoquée dans les lignes qui suivent.

Il existe différents motifs de disponibilité, dont certains sont d'ordre familial et ne sont donc pas traités ici. Les raisons inspirées par un choix de carrière (effectuer des études ou des recherches, convenance personnelle, créer ou reprendre une entreprise) ne donnent pas lieu à une disponibilité de droit.

BON À SAVOIR

Mis à part dans le cas d'une reprise ou création d'entreprise, a-t-on le droit d'exercer une activité rémunérée pendant une disponibilité ?
Oui, dans certaines limites posées par un décret de 1995 (cf. textes fondamentaux ci-dessous).
Vous devez préalablement prévenir le rectorat. Ce dernier statuera sur votre cas, après avis d'une commission de déontologie concernant votre projet.

Motifs et durée de la disponibilité

Motif	Durée
Effectuer des études et des recherches motivées par l'intérêt général	3 ans, renouvelable une fois (dans toute la carrière)
Convenance personnelle	3 ans, renouvelable, sans excéder 10 ans
Créer ou reprendre une entreprise	2 ans maximum

Aucune ancienneté n'est requise, sauf si votre projet est de reprendre ou créer une entreprise (trois ans de service effectif sont alors demandés).

Vous devez demander la disponibilité au rectorat qui peut l'accepter, sous réserve des nécessités du service et après avis des CAP (en pratique, l'administration n'est pas très accommodante…). Elle est accordée par année scolaire et la demande doit être présentée avant le mouvement, afin que votre ancien poste puisse être pourvu dans ce cadre. Pour les dates exactes, renseignez-vous sur le site Web de votre académie.

BON À SAVOIR

En principe, vous n'avez pas à raconter les raisons qui vous poussent à demander une dispo pour convenance personnelle. En pratique, tout argument susceptible d'appuyer votre demande méritera d'être évoqué.

Ne mentez pas pour donner un motif permettant une disponibilité de droit (par exemple, élever un enfant de moins de 8 ans), car l'administration peut enquêter sur votre activité réelle et vous encourrez des sanctions disciplinaires…

La réintégration se fait lors d'une rentrée scolaire. Il faut participer au mouvement inter ou intra-académique, selon votre souhait d'affectation, car vous ne retrouvez pas votre poste d'origine !

TEXTES FONDAMENTAUX

- Loi n° 84-16 du 16 janvier 1984 modifiée.
- Décret n° 85-986 du 16 septembre 1985.
- Décret n° 95-168 du 17 février 1995.

LE DÉTACHEMENT

Une séparation de corps franche, pour prendre du recul, ou comme préalable au divorce.

C'est la position du fonctionnaire placé hors de son corps d'origine et continuant à bénéficier dans ce corps de ses droits à avancement et retraite.

Un détachement peut vous permettre d'exercer des fonctions d'enseignant ou non, en France (autre administration d'État, collectivité locale, entreprise publique, voire privée sous certaines conditions…), ou à l'étranger. Cette position offre une grande variété de situations (qui seront vues dans les fiches de cet ouvrage).

Le détachement est de plein droit pour occuper certains mandats électifs, un mandat syndical, effectuer un stage ou une scolarité préalable à une titularisation, ou un cycle de préparation à un concours. Dans les autres cas, il faut que l'administration soit d'accord…

Le poste peut vous être proposé dans l'Éducation nationale ou par son intermédiaire : il figure alors au *BOEN*.

> **BON À SAVOIR**
>
> Quand vous souhaitez rester au sein de la fonction publique, votre détachement n'est possible que dans un corps ou cadre d'emploi équivalent à celui auquel vous appartenez.

Vous pouvez aussi trouver un poste par vous-même (sites d'autres ministères ou démarches personnelles, ▶ fiche 24).

Pour obtenir votre détachement, vous aurez deux tâches à mener en parallèle : faire acte de candidature sur le poste (selon les modalités propres à ce dernier) et demander votre détachement à l'administration centrale (voir SIAD, Système d'information et d'aide au détachement, par le biais d'I-Prof, ou directement sur le site du ministère).

Le détachement est effectué pour une période de cinq ans maximum. Il est cependant renouvelable sans limitation de durée. La demande de réintégration se fait auprès du MEN dans le cadre du mouvement (une fois de plus, qui va à la chasse…).

> **BON À SAVOIR**
>
> Il existe également une position « hors cadre », dans laquelle vous n'avez plus aucun rapport avec le **MEN**. Elle peut notamment être utilisée lorsque vous avez atteint les délais maximaux fixés pour les autres possibilités évoquées plus haut.
>
> **TEXTES FONDAMENTAUX**
> - Loi n° 84-16 du 16 janvier 1984 modifiée.
> - Décret n° 85-986 du 16 septembre 1985.
> - Loi 2003-775 du 21 août 2003 (article 77).

Vous aurez parfaitement noté qu'à l'exception du congé, les options de prise d'indépendance (relative) qui s'offrent à vous ont toutes pour conséquence la perte du poste que vous occupiez à l'origine. Alors renseignez-vous bien sur ce qui vous est proposé !

Élaborer un CV adapté à son profil

Un CV ? Kézako ?

Pourquoi devez-vous avoir un CV digne de ce nom ? Tout d'abord, pour procéder à la mise à jour de votre parcours dans I-Prof, afin de signaler à l'administration vos nombreuses compétences et la richesse de votre parcours (▶ fiche 8). Ensuite, parce qu'il s'agit d'un document obligatoire dans la constitution de certains dossiers, préalables à un changement dans votre carrière : concours d'inspecteur, postes dans l'enseignement supérieur… Anticipez, pour pouvoir être réactif/tive dans l'urgence !

LE FOND…

Le curriculum vitae est une sorte de photographie de ce que vous êtes à un instant précis et de ce que vous avez fait pour parvenir à ce résultat.

Les qualités essentielles du CV

- **La concision** : il ne s'agit pas d'écrire vos mémoires, mais de faire preuve d'un certain esprit de synthèse pour rendre votre profil facile à appréhender dans sa globalité.
- **La précision** : qualité certes difficile à concilier avec celle qui précède, elle impose de donner sur vos expériences suffisamment de renseignements pour éviter au lecteur de se poser des questions, et notamment d'avoir des doutes sur la véracité de vos propos…
- **La clarté** : avant d'être clair(e) sur la forme, c'est dans votre expression que vous devez être limpide.
- **La pertinence** : votre CV doit mettre en évidence les éléments de votre parcours qui sont en adéquation avec le poste que vous visez.

Les thèmes à traiter

Ils seront matérialisés sous la forme de rubriques dans votre document final.

L'ordre indiqué ci-dessous est susceptible de modifications légères dans la présentation du CV définitif. Ainsi, si votre état civil figure toujours au début du document, l'ordre de présentation des rubriques « Formation » et « Expérience » dépend de votre ancienneté : formation en première position pour un débutant, en deuxième position après quelques années de métier.

Les rubriques de votre CV

État civil et informations personnelles	Prénom, nom, âge… ainsi que vos coordonnées. Peuvent également être mentionnées des informations complémentaires, comme la possession du permis de conduire.
Accroche	Il s'agit d'une forme de titre, résumant votre profil ou votre objectif professionnel. Brièveté obligatoire…
Formation	Tous les diplômes et concours obtenus ou préparés, ainsi que les formations que vous avez suivies dans le cadre de votre parcours professionnel.
Expérience professionnelle	Ne vous contentez pas d'évoquer votre expérience d'enseignant : les stages en entreprise et les expériences éventuelles dans le secteur privé peuvent constituer un avantage. N'omettez aucune activité parallèle valorisant votre parcours (participation à des groupes de réflexion, membre de conseils divers et variés, auteur de manuels…).
Compétences complémentaires	Langues, bureautique… Des éléments assez essentiels aujourd'hui. À moduler, bien entendu, selon votre situation. Il est évident que les compétences linguistiques d'un prof de langue, ou les compétences techniques d'un enseignant informaticien mériteront une rubrique complète à elles toutes seules !
Activités extra-professionnelles	Loisirs, activités associatives… Quelle importance pour obtenir un poste ? Donner des indices permettant au lecteur d'avoir une première approche de votre personnalité, élément essentiel à connaître pour avoir envie de travailler avec vous !

Libre à vous, par la suite, de procéder à des regroupements de rubriques, ou à des scissions, en fonction de votre profil.

Dans I-Prof, les rubriques qui vous sont proposées sont les suivantes :

- diplômes et titres ;
- formations et compétences ;
- activités professionnelles ;
- activités personnelles.

> **BON À SAVOIR**
>
> Le degré de détail pour chaque élément de votre parcours ? Un exemple : pour toute expérience professionnelle, doivent être mentionnés la date, la durée, votre fonction, le nom de votre employeur (ou de l'établissement où vous avez exercé), le lieu où il se situait, ainsi que les missions qui vous étaient confiées.
> Vous devez être précis(e) dans tous les domaines, y compris pour faire état de vos loisirs.

... ET LA FORME

Quand on veut vendre un produit, il faut que ce dernier soit de bonne qualité et susceptible de répondre à un besoin, mais cela ne suffit pas. Il est, en effet, nécessaire de soigner l'emballage...

Comparer ce que vous êtes, et donc le contenu de votre CV, à un produit à vendre, vous paraît certainement bien trivial... et pourtant ! Vous ne devez pas négliger l'aspect marketing de l'exercice. Ne tenez-vous pas compte, même implicitement, de la présentation des copies qui vous sont remises, pour procéder à leur notation ?

> **BON À SAVOIR**
>
> Dans la catégorie des erreurs à ne surtout pas commettre : les fautes d'orthographe ou de frappe. Pénibles de la part des lycéens, elles sont intolérables lorsqu'elles émanent d'un enseignant. Relisez et faites relire votre production avant de l'envoyer à qui que ce soit !

La présentation globale du document

Le document, dactylographié sur une feuille A4 blanche, doit être empreint de professionnalisme et donc de sobriété. Les couleurs se font rares et discrètes, les polices sont simples, les icônes sont utilisées avec parcimonie.

Soyez très cohérent(e) dans la présentation de votre CV : présentez toujours de la même manière les informations de même nature.

> **BON À SAVOIR**
>
> Concernant votre expérience professionnelle, vous pouvez choisir de classer le contenu de la rubrique par domaines de compétences ou de façon chronologique.
> Dans le second cas, il vous est possible de commencer par l'expérience la plus ancienne pour finir par la plus récente, ou d'adopter l'ordre inverse. La seconde option permet de mettre en évidence ce qui est le plus « frais » et, souvent, le plus pertinent par rapport à l'emploi visé. Quel que soit l'ordre choisi, pensez à bien suivre le même dans toutes les rubriques du CV !

La longueur du CV

Dans le secteur privé, la règle absolue est, en général, de ne pas dépasser la page dactylographiée. L'Éducation nationale est moins regardante à ce niveau. S'il est normal qu'un débutant se doive de présenter un document succinct, un enseignant doté d'une expérience riche et variée peut se permettre de présenter un CV de deux pages.

> **BON À SAVOIR**
>
> Pas d'abus en la matière. Vu – et non apprécié – par un jury de concours d'IPR : des CV de cinq pages !

Quelques règles de mise en forme

Difficile d'être exhaustif. Il s'agit juste de quelques petits conseils pour rendre votre CV plus lisible et pour l'embellir. À réserver à votre CV perso, car inapplicables dans I-Prof.

Ne multipliez pas les polices différentes. Vous pouvez différencier les éléments en jouant sur le corps des caractères (taille), leur casse (majuscule, minuscule), leur orientation (italique, droit)…

Pour faire ressortir les titres et les éléments clefs de votre parcours, évitez le soulignement, archaïque et peu efficace : ce sont les caractères gras qui sont les plus lisibles.

Respectez un certain nombre de lignes verticales virtuelles sur lesquelles seront alignés, grâce à l'utilisation des tabulations, les débuts de vos paragraphes.

Ce qui vous est proposé ci-dessous n'a pas la prétention d'être un modèle à suivre, mais juste un exemple de présentation. Chacun peut décider de présenter ses expériences comme il le souhaite : par établissement, par fonction, ou encore par domaine de compétence, en fonction de la nature de son parcours et de ce qu'il désire mettre en valeur.

EN PRATIQUE

Prénom NOM   [Permis B], [véhicule personnel]
Âge
Situation de famille
Numéro, nom de rue
Code postal Ville
Téléphone, adresse e-mail

PROFESSEUR AGRÉGÉ, CERTIFIÉ, D'ÉDUCATION PHYSIQUE ET SPORTIVE OU DE LYCÉE PROFESSIONNEL DE…

EXPÉRIENCE PROFESSIONNELLE
Établissement (ou type de fonction, ou domaine de compétence) – Lieu
Année(s)
Fonction ou établissement
Enseignements assurés (et/ou missions) :
…

FORMATIONS INITIALE ET CONTINUE

Formation professionnelle
Année   Formation ou stage – établissement – durée

Concours
Année
Concours (agrégation, CAPES… + externe, interne… + intitulé) – rang de classement, éventuellement

Diplômes
Année   Diplôme – établissement – lieu – mention

…/…

.../...

INFORMATIONS COMPLÉMENTAIRES
Langues
Langue 1 : niveau
Bureautique
Logiciel 1, logiciel 2…
Loisirs
Loisir 1, loisir 2…

Dernier conseil, pour conclure : inspirez-vous des nombreux CV hébergés sur le Web par les fournisseurs d'accès à Internet. Non pour les copier (nombre d'entre eux sont loin d'être parfaits !), mais parce qu'il est beaucoup plus facile d'être critique envers la production d'autrui qu'envers la sienne : les erreurs à éviter vous sauteront aux yeux.

Savoir rédiger et présenter une lettre de candidature

Motivé à la lettre près

La lettre de motivation est l'un des documents essentiels qui accompagnent votre CV lorsque vous répondez à une offre d'emploi ou que vous constituez un dossier en vue du passage de certains concours. Il s'agit de montrer l'adéquation entre le profil décrit dans votre CV et celui du poste, ou de la fonction, que vous visez. L'exercice n'est pas facile, car il est indispensable d'être le plus convaincant possible tout en faisant preuve d'une grande concision, le tout, bien entendu, en adoptant une présentation impeccable…

LE FOND

Impossible de dire ce que vous devez mettre dans une lettre qui est, par essence, très personnelle et écrite dans un but particulier. Quelques petits conseils peuvent cependant vous aider.

BON À SAVOIR

Un préalable incontournable à la rédaction d'une lettre susceptible de faire mouche : prendre de nombreux renseignements sur la fonction que vous voulez occuper et, le cas échéant, sur la structure dans laquelle vous l'exercerez. Vous aurez ainsi toutes les cartes en main pour savoir ce que l'on attend de vous.

Quand il s'agit d'un courrier rédigé pour présenter un concours, vous lirez avec la plus grande attention les remarques figurant dans les rapports de jury. Dans un jeu de séduction, c'est un atout énorme de savoir ce qui a pu, par le passé, exaspérer l'autre…

- Une lettre de motivation doit, comme tout autre type d'écrit, être ordonnée.
- Le but n'est pas de recopier votre CV mais de montrer en quoi vos compétences et vos aspirations font de vous la personne idéale à recruter. Le document, tourné vers l'avenir, ne doit pas être un panégyrique de vos expériences passées. Soyez très synthétique.
- Évitez les phrases convenues adoptant le sabir éducatif, ronflantes, mais qui ne veulent pas dire grand-chose…
- Soignez votre expression. Relisez votre lettre vingt fois. Faites-la, au besoin, relire par un proche dont le style est infaillible…
- Ne lésinez pas sur les mots de liaison. Comme il s'agit d'une forme de démonstration, marquer les liens de causalité et de conséquence est plus que souhaitable.

LA FORME

Lettre manuscrite ou dactylographiée ?

Cela dépend… La lettre dactylographiée, longtemps inenvisageable, se propage à présent, dans le secteur public comme dans le secteur privé. Il est cependant des cas dans lesquels l'écriture manuelle s'impose : par exemple, pour constituer un dossier en vue d'accéder aux corps d'inspection…

> **BON À SAVOIR**
>
> Si votre lettre est manuscrite, vous devez, bien entendu, faire un effort de propreté et de lisibilité. Écrivez de préférence avec un stylo plume ou un roller, à l'encre noire. C'est tout de même plus élégant que les traits de stylo à bille ponctués, çà et là, de pâtés disgracieux ! Et n'oubliez pas d'utiliser un guide-ligne.

Quel volume d'information ?

Si le CV peut dépasser la page A4, la lettre doit, en principe, respecter cette limite, si aucune information contraire ne vous est donnée (comme, par exemple, pour le dossier à constituer pour le concours de personnel de direction, ▶ fiche 25). Gardez toujours à l'esprit que la concision est essentielle…

La présentation générale du document

Une lettre est présentée dans le respect de certaines normes quant aux mentions qui y figurent et à la place de ces dernières. Vous pouvez vous référer à l'exemple proposé ci-après.

> **BON À SAVOIR**
>
> Si la formule de politesse marquant la fin des courriers tend, en règle générale, à se simplifier, l'administration affectionne toujours les expressions faisant état d'une certaine déférence vis-à-vis de la hiérarchie.
> Évitez donc de vous contenter de vos « salutations distinguées » ou, pire, du laconique « cordialement » qui est réservé aux mails (et encore, pas à tous…).

Voie directe, voie hiérarchique

La plupart des courriers de ce type doivent être envoyés par la voie hiérarchique. Concrètement, cela signifie que vous les remettez à votre supérieur hiérarchique direct, qui les remet à son tour à son supérieur… jusqu'au destinataire final. Pas d'inquiétude : les échelons successifs n'ont en aucun cas le droit de bloquer le courrier, il s'agit simplement de leur permettre d'en prendre connaissance ou encore, dans certains cas, de solliciter leur avis au passage. Vous avez parfois la possibilité d'envoyer, en parallèle, votre document par la voie directe.

> **BON À SAVOIR**
>
> Une lettre envoyée par la voie hiérarchique mentionne, dans l'emplacement réservé à l'indication du destinataire, la liste de tous ceux qui constituent votre « pyramide » hiérarchique, du sommet à la base. Les fonctions des intermédiaires sont précédées de la mention « s/c de… », qui signifie « sous couvert de… ».

UN EXEMPLE DE LETTRE DE CANDIDATURE

Pour avoir une petite idée de ce à quoi peut ressembler une lettre de motivation, sur le fond comme sur la forme, voici l'exemple concret d'un document ayant permis à son auteur d'être convoqué à un entretien pour un poste de directeur adjoint d'un institut du Centre national d'enseignement à distance (Cned).

Il importe de prendre, tout d'abord, connaissance de l'annonce à laquelle le candidat répondait.

EN PRATIQUE

VACANCE DE POSTE

Directeur adjoint de l'institut de Rennes du Cned
NOR : MENY0700399V
AVIS DU 27-2-2007
MEN
Cned

Le poste de directeur adjoint de l'institut de Rennes du Centre national d'enseignement à distance est susceptible d'être vacant à compter du 1er septembre 2007. Le candidat appartiendra aux corps des personnels de direction ou d'inspection ou à un corps de catégorie A dont l'indice brut terminal est au moins égal à 966. Le poste est à pourvoir au siège de l'institut dans l'agglomération rennaise.

L'institut de Rennes, établissement de 3e catégorie qui gère annuellement 43 000 inscrits est le pôle de compétence du Cned pour les formations de type lycée d'enseignement général et pour les filières des sciences médico-sociales et des sciences et techniques tertiaires.

Le directeur adjoint, placé sous l'autorité du directeur de l'institut, sera chargé de l'animation pédagogique avec pour objectif la gestion des enseignants et de leurs services, la programmation pédagogique, le suivi des enseignements.

La fonction exige une solide expérience pédagogique et administrative, une aptitude à prendre en compte les caractéristiques propres aux publics faisant appel à l'enseignement à distance et aux corps enseignants s'y consacrant (enseignants en réemploi et en réadaptation, enseignants détachés, mis à disposition et vacataires).

Outre une connaissance approfondie de l'organisation de l'enseignement secondaire en France, le directeur adjoint de l'institut de Rennes devra posséder :

.../...

…/…

- une expérience significative de la gestion des ressources humaines et de la conception pédagogique ;
- une forte capacité relationnelle compte tenu des contacts nécessaires notamment avec les différentes administrations d'État ;
- une connaissance approfondie des technologies de l'information et de la communication dans la transmission du savoir ;
- une bonne connaissance de l'enseignement à distance et de ses spécificités ;
- un grand sens de l'organisation et une capacité avérée à gérer des équipes projets.

Une bonne connaissance des métiers de l'édition et de la production imprimée associée aux nouvelles technologies de l'information et de la communication constituerait un atout supplémentaire. […]

LETTRE DE CANDIDATURE

Prénom NOM
Numéro, nom de rue
Code postal Ville

> À Madame la directrice de l'encadrement, sous-direction des personnels d'encadrement
> 142, rue du Bac, 75007 Paris
> Monsieur le Recteur d'académie, directeur général du Centre National d'Enseignement à Distance
> Téléport 2, 2, bd Nicéphore Niepce, BP 80300, 86963 Futuroscope cedex
> s/c de Monsieur le Recteur de l'académie de X
> s/c de Monsieur le Proviseur du lycée Y

Ville, le lundi 26 mars 2007
Objet : candidature au poste de directeur adjoint de l'Institut de Rennes du Cned
NOR : MENY0700399V

Madame, Monsieur,

L'avis de vacance du poste de directeur adjoint de l'Institut du Cned de Rennes a retenu toute mon attention.

…/…

…/…

En effet, le Cned, organisme réputé pour la qualité de ses enseignements, constitue un fer de lance de l'utilisation des TIC dans le domaine de l'éducation et sait faire sans cesse progresser son offre de formations et ses pratiques. Le positionnement récent de l'Institut de Rennes dans le parascolaire témoigne de l'adéquation de cette structure avec les mutations de notre monde.

Je souhaite aujourd'hui évoluer professionnellement vers des missions de communication, d'encadrement et de coordination dans lesquelles ma pratique de la pédagogie constituerait une véritable valeur ajoutée.

J'ajoute que la diversité des formations que j'ai suivies et des publics que j'ai pu rencontrer au cours de ma vie professionnelle témoignent de ma capacité d'adaptation et de mon goût pour de nouveaux environnements de travail.

Le poste que vous proposez correspond parfaitement à mes aspirations et je pense être à même d'exercer les missions qu'il implique.
C'est pourquoi je vous adresse ma candidature.

Je vous prie d'agréer, Madame, Monsieur, l'assurance de mon respectueux dévouement

Prénom NOM
Signature

Si vous pouvez, pour certaines tournures, vous inspirer d'exemples glanés ça et là, évitez de recopier trop nettement quelque document que ce soit : pour être riche quant à son contenu, une lettre de motivation est nécessairement personnelle.

Réussir un entretien de sélection

La Prof Academy

Certains enseignants ont choisi d'embrasser la carrière, entre autres raisons, pour satisfaire une vocation d'acteur contrariée. Ce n'est cependant pas le cas de tout le monde : certaines motivations n'impliquent pas d'avoir l'étoffe d'un leader charismatique ! Or obtenir un poste d'une nouvelle nature implique obligatoirement, si la lecture de votre dossier a convaincu ses destinataires, de passer le cap de l'oral. Entretien devant une commission, épreuve d'admission d'un concours… les noms changent, mais un certain nombre de règles sont communes à ces exercices.

LA PRÉPARATION INTELLECTUELLE DE L'ENTRETIEN

Vous pensez avoir connu le plus dur en arrivant à ce stade ? Détrompez-vous : certains candidats, considérés comme favoris à l'issue de la phase écrite, se voient évincés, suite à un oral atone. À l'inverse, l'oral permet à certaines personnalités d'émerger…

Il vous faut donc vous préparer avec soin.

Prenez de nombreux renseignements…

… notamment sur le profil du poste, l'organisme qui le propose, la ville et la région dans lesquelles il se situe. Pour cela, vous pouvez avoir recours au Web, mais ça ne suffit pas. En effet, rien ne vaut un contact direct avec votre futur supérieur hiérarchique (▶ fiche 3).

> **BON À SAVOIR**
>
> Si vous apprenez, en contactant l'organisme visé, qu'il y a des candidats locaux pressentis sur le poste, ne vous laissez surtout pas décourager : les « locaux » ont fait leurs preuves… ou ne les ont pas faites. Ils ont pu aussi se faire des ennemis… Et si un petit nouveau que personne ne connaît permettait de couper court aux désaccords ?

Préparez-vous à vous présenter

Si vos interlocuteurs vous donnent, en début d'entretien, quelques minutes pour vous présenter, que devez-vous évoquer?

- ce que vous avez fait (brièvement! N'oubliez pas qu'ils ont lu votre CV!);
- vos aspirations professionnelles;
- la raison pour laquelle vous postulez.

Bien entendu, ce petit discours doit être construit en fonction du profil du poste, aussi bien en ce qui concerne vos connaissances que vos compétences. Ne vous contentez pas, à cet égard, de la sphère professionnelle: vous pouvez avoir acquis certaines aptitudes en pratiquant vos loisirs…

Par ailleurs, n'hésitez pas à tendre des perches à la commission ou au jury qui vous auditionne, en effleurant des sujets qui vous tiennent à cœur, pour provoquer des questions les concernant.

Élaborez votre argumentation

Vous êtes certainement quelqu'un de fantastique! Pourtant, il y a de fortes chances pour que votre CV présente des points faibles au regard des compétences demandées aux candidats. Ne doutez pas un instant de les voir abordés au moment de l'entretien! Mieux vaut avoir préparé vos réponses avec soin que de bredouiller lamentablement… Posez-vous des questions pièges et entraînez-vous à y répondre dans votre voiture ou en faisant la vaisselle…

Si vous avez l'opportunité de vous présenter, n'oubliez pas que la meilleure défense est souvent l'attaque: évoquez vous-même certains sujets sensibles, avant qu'on ne vous l'impose.

BON À SAVOIR

Parmi les sujets qui peuvent être l'objet de questions, quelle que soit la nature du poste: votre mobilité géographique (si le poste n'est pas à côté de chez vous, cela ne doit pas constituer un problème), ou encore vos éventuelles candidatures sur d'autres postes. Pour le deuxième thème, ne révélez un grand nombre de demandes que lorsque votre interlocuteur risque d'être au courant. Autrement, ne citez qu'une ou deux candidatures, du même tonneau que celle qui vous a conduit à cet entretien… Et c'est, bien entendu, ce poste qui vous intéresse le plus! Fourbissez bien vos arguments pour ne pas avoir l'air de pratiquer le lèche-bottes avec trop d'ostentation…

Un entretien n'est pas un interrogatoire ! Vous pouvez, et devez, préparer des questions pertinentes concernant le poste et l'organisme qui le propose. Cela vous aidera à ne pas subir passivement le feu des questions…

FACE AU JURY

La communication verbale

La teneur des entretiens est très variable selon le poste ou le concours… Quelques petites règles sont cependant applicables en toutes circonstances.

- Évitez de vous présenter comme un être infaillible, capable de faire face à toutes les situations : restez réaliste ! Montrez que vous connaissez ce qui vous attend et que vous êtes conscient(e) des difficultés éventuelles que vous aurez à surmonter dans vos nouvelles fonctions.

- À l'inverse, ne pratiquez pas l'autoflagellation en vous dévalorisant. Si vous ne vous trouvez pas à la hauteur, que faites-vous ici ?

- Faites preuve d'une franchise sans excès. Vous devez passer sous silence les éléments de votre parcours et les projets d'avenir inconciliables avec la fonction et/ou la structure visées. Dans le même esprit, ne vous attardez pas sur des sujets sans rapport avec le poste, voire susceptibles de susciter une inquiétude de la part de vos interlocuteurs, même s'ils vous tiennent à cœur. Ainsi, un enseignant souhaitant devenir PRAG ou PRCE (▶ fiche 18) dans un IUT n'insistera pas trop sur sa thèse et ses travaux de recherche éventuels, car le poste qu'il vise n'est pas un poste d'enseignant-chercheur.

- Soyez positif(/tive) ! Essayez de montrer ce que vous avez retiré de vos échecs, si vous êtes obligé d'en faire part, bien entendu…

La communication non verbale

Choisissez votre tenue avec soin

L'Éducation nationale n'est pas un milieu spécialement réputé pour l'élégance de ses membres… Peut-être faites-vous exception, auquel cas vous n'avez besoin d'aucun conseil pour choisir vos vêtements pour le jour J. Si vous êtes, en revanche, très « jean-baskets-gros pull », vous allez devoir améliorer sérieusement l'ordinaire. En effet, bien s'habiller est une marque de respect vis-à-vis de ses interlocuteurs, mais également la garantie que vous avez bien compris la fonction de représentation que peut éventuellement impliquer le poste (pour l'encadrement, notamment).

BON À SAVOIR

Le classicisme doit être de rigueur : costume (ou blazer) pour ces messieurs, tailleur (jupe ou pantalon), pour ces dames. À aménager en fonction de la nature du poste et de votre tendance naturelle : mieux vaut avoir l'air à l'aise dans une tenue légèrement décontractée, que de se sentir complètement coincé(e) en costume ou en tailleur…

Adoptez un comportement gagnant

La conjonction des éléments qui suivent est indispensable pour montrer la motivation dont vous faites état dans vos propos. Car, s'il vous est peut-être facile de mentir verbalement, certains signes physiques risquent de vous trahir ! Tout ceci peut paraître évident pour qui s'exprime au quotidien devant une classe, et pourtant, on voit des prestations qui sont loin d'être à la hauteur, sur la forme…

- Concernant votre posture générale, tenez-vous droit(e), que vous soyez assis(e) ou debout !
- Souriez, quelle que soit la tête que font vos interlocuteurs.
- Adoptez un regard franc et faites-en bénéficier, alternativement, chacun des membres de l'auditoire. Lorsque vous répondez à une question, regardez celui qui l'a posée.
- Un minimum de gestuelle est nécessaire pour rendre votre prestation vivante : n'hésitez pas à parler avec les mains, sans pour autant avoir l'air d'un clone de Louis de Funès dans ses meilleures prestations…
- Votre voix est également un élément important. Vous ne pouvez en changer le timbre, mais vous devez faire un effort pour parler assez fort, articuler convenablement et éviter de parler sur un ton monocorde.

Il va de soi que les oraux de concours impliquent, de surcroît, une très bonne maîtrise disciplinaire.

L'essentiel est dit. À vous de jouer pour être le/la plus convaincant(e) possible.

Partie 2

Mener sa carrière sans (trop de) surprises

Connaître les règles en matière d'avancement

Mettez le turbo !

Si les raisons ayant motivé le choix du métier d'enseignant varient selon les individus, le montant du traitement ne figure pas dans le palmarès de tête… Il est cependant parfaitement normal de s'intéresser à ce que l'on gagne, de comprendre sur quels critères se fait l'avancement et de mettre toutes les chances de son côté pour en bénéficier dans les meilleures conditions !

QUELQUES NOTIONS PRÉALABLES

Corps, grades et échelons

Les enseignants sont, comme la plupart des fonctionnaires, organisés en corps auxquels s'appliquent des règles spécifiques : agrégés, certifiés, PEPS ou PLP, en ce qui vous concerne. Chacun des corps mentionnés ci-dessus est composé de deux grades ou classes : la classe normale (CN) et la hors-classe (HC), comprenant chacune plusieurs échelons qui conditionnent le montant de votre traitement[1].

Indices

À chaque échelon correspondent un indice brut et un indice nouveau majoré (INM). Le premier est celui qui est mentionné dans les textes

---

1. Afin d'éviter d'alourdir les explications données ci-dessous, les tableaux chiffrés qui encadrent le présent et le devenir financier des enseignants vous sont proposés en annexe.

officiels, notamment dans les avis de vacances de postes, pour indiquer quels sont les personnels qui sont autorisés à poser leur candidature (▶ fiche 24). Le second est celui qui figure sur votre bulletin de salaire et qui vous permet de calculer votre traitement.

> **BON À SAVOIR**
>
> Pour calculer le salaire qui sera le vôtre en cas d'avancement :
> Traitement brut = INM × valeur du point d'indice
> La grille indiciaire de votre corps, la valeur du point (à mettre à jour régulièrement), ainsi que la correspondance entre indice brut et INM figurent en annexe.

Commissions administratives paritaires

Il existe, au niveau national (CAPN) et au niveau académique (CAPA), des commissions administratives paritaires, qui sont consultées sur des thèmes aussi importants que les titularisations, l'avancement ou encore les mutations des personnels enseignants... Ces commissions, constituées pour chaque corps, sont composées à parts égales (d'où leur nom) de représentants désignés par l'administration et d'enseignants élus par leurs pairs au scrutin de liste. Élément non négligeable : le monopole de la présentation de listes appartient aux organisations syndicales représentatives. À bon entendeur...

> **BON À SAVOIR**
>
> N'oubliez pas de compléter régulièrement votre CV dans I-Prof, car les informations qui y figurent peuvent avoir un impact sur la rapidité de votre avancement !

LA NOTATION

Votre note, sur 100 points, est un élément essentiel pour votre avancement. Si vous exercez dans un établissement du second degré, elle est composée d'une note pédagogique et d'une note administrative.

La note pédagogique

Sur 60 points, la note pédagogique (▶ fiche 9) représente l'élément pré-
pondérant de votre notation. Elle vous est attribuée par l'inspecteur dont
vous relevez, puis est arrêtée par le recteur (certifiés et PLP) ou par le
ministre (agrégés), après consultation de la CAPA dans le premier cas, ou
de la CAPN dans le second. Il existe, pour les certifiés et PLP, une grille
nationale officielle de notation. Ce n'est pas le cas pour les agrégés.

Une note pédagogique ne se conteste pas ; vous pouvez cependant demander à bénéficier d'une nouvelle inspection, si vous estimez avoir été lésé(e).

La note administrative

Sur 40 points, elle est arrêtée par le recteur sur proposition du chef d'établissement, après avis de la CAPA compétente et harmonisation.

Elle repose sur trois critères :

- ponctualité/assiduité ;
- activité/efficacité ;
- autorité/rayonnement.

Elle est, par ailleurs, accompagnée par une appréciation générale succincte.

Comme la note pédagogique, elle respecte une grille fixée au niveau
ministériel.

Vous pouvez contester cette note, dès que le chef d'établissement vous la
communique, en faisant parvenir au recteur, par la voie hiérarchique, un
courrier expliquant les motifs de cette contestation. Une fois que la note
sera devenue « officielle », il sera trop tard pour faire quoi que ce soit.

LE CHANGEMENT D'ÉCHELON

Concrètement, cela signifie, pour vous, changement d'indice et donc de salaire.

- *Au sein de la classe normale*, à partir du cinquième échelon, les promotions se déroulent de la façon suivante :
  - au grand choix : une liste des enseignants qui remplissent les conditions d'ancienneté requises est dressée (par discipline pour les agrégés ; par corps, toutes disciplines confondues, pour les autres). Les 30 % les mieux notés passeront au grand choix,
  - au choix : nouvelle liste (mêmes modalités que ci-dessus) de ceux qui ne sont pas passés au grand choix et qui ont assez d'ancienneté pour passer au choix. Ceux que leurs notes placent dans les cinq premiers septièmes du tableau seront promus par ce biais,
  - à l'ancienneté : pour ceux qui restent, quelle que soit leur note... quand leur ancienneté est suffisante.

Si les différences de rythme d'avancement entre ces trois modalités peuvent paraître négligeables sur un changement d'échelon, sachez tout de même que l'écart se creuse très nettement sur l'ensemble d'une carrière. Ainsi, pour évoquer les extrêmes, quelqu'un qui passe systématiquement au grand choix atteindra le 11e échelon (échelon terminal de la classe normale) en vingt ans, alors que celui qui passe toujours à l'ancienneté mettra trente ans pour y accéder !

- *Au sein de la hors classe*, c'est beaucoup plus simple : l'avancement se fait au même rythme pour tout le monde.

BON À SAVOIR

Un cas particulier à signaler : celui des certifiés qui ont été deux fois admissibles à l'agrégation (qu'elle soit interne, externe, dans la même discipline ou dans une autre...). Ces bi-admissibles font partie du corps des certifiés, mais ont la possibilité de bénéficier d'une grille indiciaire particulière (environ 30 points de plus, en moyenne, à chaque échelon), à condition, toutefois, d'en faire la demande au recteur par la voie hiérarchique, car il n'y a aucun automatisme en la matière. Ne soyez pas négligent(e) !

LE CHANGEMENT DE GRADE

Plus «classe» que le changement d'échelon, plus rare aussi… le changement de grade.

Les conditions à remplir

En théorie, on peut espérer passer en hors classe à partir du septième échelon de la classe normale (atteint au 31 décembre de l'année précédente), à condition d'avoir au moins sept ans de service effectif dans son corps (pour les certifiés, PEPS et PLP). En pratique, sauf à avoir fait preuve d'un investissement exceptionnel dans vos fonctions d'enseignant(e), n'espérez pas trop y parvenir avant d'avoir atteint le sommet de votre classe.

Les modalités de passage

Aucune demande à effectuer: l'intégralité des dossiers est désormais «épluchée» par l'administration (à partir des informations que vous aurez données sur I-Prof) pour établir le tableau d'avancement au sein duquel seront choisis les promus.

La quantification des critères justifiant l'inscription à ce tableau est fixée au niveau ministériel pour les agrégés, au niveau rectoral pour les autres. Entrent notamment en ligne de compte: l'ancienneté, la notation, les diplômes et formations, l'implication dans son établissement… ainsi que le mérite individuel des personnes concernées.

Pour les agrégés, la décision finale est prise au niveau ministériel; pour les autres, tout se passe au niveau académique.

Comme toujours, les CAP compétentes sont consultées.

> **BON À SAVOIR**
>
> En cas de passage en hors classe, vous serez reclassé(e) à un échelon vous donnant un traitement au moins égal à celui que vous perceviez dans la classe normale.

TEXTES FONDAMENTAUX

- Décret n° 72-580 du 4 juillet 1972.
- Décret n° 72-481 du 4 juillet 1972.
- Décret n° 80-627 du 4 août 1980.
- Décret n° 92-1189 du 6 novembre 1992.
- Note de service n° 2006-206 du 12 décembre 2006.
- Note de service n° 2006-208 du 12 décembre 2006.

Une petite remarque pour conclure : ne vous contentez pas d'être un bourreau de travail dans la préparation de vos enseignements et l'animation de vos séances, même si cela vous paraît être la priorité absolue de tout bon enseignant. Vous risqueriez d'être un peu aigri(e) de voir certains de vos collègues connaître une progression beaucoup plus rapide que la vôtre, grâce à leur implication dans des activités diverses et variées...

Bien réussir son inspection

Évitez la série noire

Vieux routier de l'Éducation nationale, vous pouvez passer votre chemin : l'inspection n'a plus de secret pour vous ! C'est aux nouveaux venus que s'adressent les lignes qui suivent. En effet, l'inspection « classique » se distingue de celle qui a permis votre titularisation, dans la mesure où vous êtes à présent un(e) enseignant(e) titulaire ne voyant plus, au-dessus de sa tête, l'épée de Damoclès de l'ANPE. Ouf… Si ce n'est pas une raison valable pour vous permettre une familiarité excessive vis-à-vis de votre inspecteur, vous pouvez être un peu plus à l'aise en voyant ce dernier davantage comme un conseiller que comme un juge.

LE CADRE DE L'INSPECTION

À qui aurez-vous affaire ?

Vous aurez en principe affaire (▶ fiche 26) à :

- un inspecteur de l'Éducation nationale (IEN), si vous êtes PLP ;
- un inspecteur d'académie-Inspecteur pédagogique régional (IA-IPR), si vous êtes agrégé(e) ou certifié(e) ;
- un inspecteur général de l'Éducation nationale (IGEN) si vous enseignez en classe préparatoire aux grandes écoles (CPGE).

À quelle fréquence allez-vous être inspecté(e) ?

Il n'y a pas de règle en la matière, cela peut aller de deux ou trois ans à une bonne dizaine d'années ! En moyenne : une fois tous les cinq ans. Tout dépend de l'académie dans laquelle vous êtes, de la matière qui est la vôtre et de l'inspecteur dont vous relevez. En gros, plus il a de monde à voir, moins souvent il voit chaque personne. Logique.

Votre notation ayant un effet non négligeable sur votre avancement, il vous est fortement conseillé de demander une inspection, si vous n'en avez pas eu depuis longtemps. Votre demande ne sera peut-être pas satisfaite immédiatement, mais cela pourra accélérer le processus.

> **BON À SAVOIR**
>
> Pouvez-vous refuser une inspection ? Oui… mais à vos risques et périls. Lesquels ? Baisse de votre note administrative, voire sanction disciplinaire. Par ailleurs, l'inspecteur va vous noter en fonction des éléments qu'il aura pu se procurer : entretien avec vos collègues, examen des cahiers de textes de vos classes… Évidemment, cette façon de procéder peut ne pas vous être très favorable…

Ce que l'inspecteur veut savoir

Tout ce qui concerne vos pratiques d'enseignement vis-à-vis de vos classes, votre connaissance du déroulement du programme, mais également votre implication dans les activités de votre établissement, voire, au-delà, au sein de l'académie ou au niveau national.

Déroulement type d'une inspection

En principe, les choses se passent de la manière suivante :

- L'inspecteur prévient le chef d'établissement de sa venue. Si c'est une obligation pour lui, les textes ne mentionnent, en revanche, aucun délai légal entre l'annonce de l'inspection et la date à laquelle elle doit avoir lieu.

- C'est votre chef d'établissement qui vous transmet l'information. En pratique, vous êtes généralement prévenu(e) une petite semaine à l'avance.

- L'inspecteur est accueilli par le chef d'établissement et se procure auprès de lui tous les éléments dont il a besoin pour former un jugement sur vous. Il le rencontrera de nouveau après l'inspection.

- L'inspecteur assiste à une séance de chaque enseignant qu'il inspecte (il se déplace rarement pour une seule personne). Le chef d'établissement (ou son adjoint) peut être présent à cette occasion.

- Un entretien individuel d'une durée variant généralement entre une demi-heure et une heure a lieu, par la suite, entre l'inspecteur et chaque enseignant inspecté, en vue de faire un retour sur sa séance, d'évoquer la place de cette dernière dans la progression annuelle, ainsi que de parler de son implication dans l'établissement et de sa conception du métier.

- L'inspecteur réunit tous les enseignants de sa discipline, souvent à l'occasion d'un déjeuner, notamment pour évoquer des éléments généraux liés à l'enseignement de la matière et répondre aux questions qui pourraient lui être posées. C'est le côté le plus convivial de la chose.

PRÉPARER ET VIVRE VOTRE INSPECTION

Dès le début de l'année

Prenez l'habitude de bien tenir à jour le cahier de texte et d'y insérer tous les documents utiles. Archivez les polycopiés qui ne figureront pas dedans (évaluations…) dans une pochette que vous pourrez produire le jour de l'inspection (sans avoir à fouiller dans tous vos documents au dernier moment…).

Élaborez votre progression pédagogique prévisionnelle en début d'année ; complétez-la ou modifiez-la au fur et à mesure, en fonction de ce qui a été réellement réalisé. Faites ce document au moyen d'un logiciel de traitement de texte, car l'inspecteur peut demander à le voir. Vos notes de cours sont, en revanche, des documents personnels que vous n'êtes tenu(e) de montrer à personne.

Insistez régulièrement auprès de vos élèves sur la nécessité de bien présenter leur cours.

Une semaine à l'avance

Prévenez vos élèves qu'un inspecteur va venir assister au cours.

> **BON À SAVOIR**
>
> Ne dramatisez pas la chose en insistant sur le côté « notation » ! Il ne faudrait pas que la peur de mal faire les pousse à être muets comme des carpes, alors que vous tentez de susciter leur participation. Dites-leur bien qu'ils devront se comporter comme si personne d'autre que vous et eux n'était présent.

Vérifiez la tenue des cahiers ou classeurs de vos élèves, car l'inspecteur peut les consulter.

Préparez une séance vous permettant de coller au mieux avec la « doctrine » officielle, quant aux méthodes pédagogiques. Si vous deviez corriger un devoir ce jour-là, il est recommandé de remettre la chose à plus tard.

Relisez le programme si vous ne l'avez pas entièrement en tête.

Préparez des questions à poser à l'inspecteur (sur vos pratiques, mais également sur votre carrière). N'hésitez pas à lui faire part de tous vos projets professionnels : vous verrez, dans la suite de cet ouvrage, que l'avis de l'inspecteur et/ou vos rapports d'inspection sont souvent requis pour constituer des dossiers en vue de doper votre carrière.

> **BON À SAVOIR**
>
> Ce n'est pas le moment pour bouleverser vos habitudes vestimentaires. Sortir le costume (ou le tailleur), alors que votre uniforme de rigueur est plutôt l'ensemble jean-baskets-pull, risque de vous mettre très mal à l'aise. Les élèves en déduiront que vous êtes mort(e) de peur et que vous considérez vous-même votre façon de vous vêtir en temps normal comme tout à fait incorrecte. Une petite amélioration par rapport au quotidien n'est, cependant, pas à bannir (chaussures de ville à la place des baskets…).

Le jour J

Soyez zen !

Présentez, en deux mots, l'inspecteur aux élèves et resituez la séance dans la progression…

C'est parti !

Une inspection est toujours angoissante : vérifier que son cahier de texte est bien à jour, donner les consignes aux élèves, et surtout décider de ce que l'on va faire à cette heure-là qui permette de donner le plus possible la parole aux élèves et constitue une séance cohérente dans les cinquante minutes imparties !

Première « aventure » : j'étais inspectée dans une classe de troisième avec qui j'avais prévu la correction d'un contrôle. Cela me permettait en une heure d'évoquer plusieurs aspects, compréhension du texte et des questions, rédaction d'une réponse claire et correcte et enfin problèmes de langue (syntaxe et orthographe). De plus je m'appuyais sur les erreurs des élèves et donc les rendais acteurs en les sollicitant à l'oral ou en les faisant passer au tableau.

Je connaissais parfaitement les instructions et m'évertuais à les mettre en pratique, mais en une heure pour parvenir à mes fins j'allais vite et l'inspectrice me reprocha un rythme un peu trop soutenu !
Morale : rien ne sert de courir, il faut discourir à point...
Deuxième «aventure» : forte de ma première inspection et du refrain dont je m'étais entichée, je décidais avec mes premières de me livrer à l'exercice difficile de l'explication de texte. De penser alors à quelque chose d'original mais quelque peu périlleux, comparer deux poèmes... de préparer en conséquence une lecture méthodique structurée et riche... et enfin de montrer à mon inspecteur tout ce que les élèves savaient... en prévoyant de ne faire qu'une partie de l'explication durant l'heure. J'étais ambitieuse, croyant avoir retenu la leçon... et je guidais tellement bien mes chers élèves – qui plus que les autres jours étaient totalement dévoués à ma cause –, que j'en oubliais la fameuse méthode inductive, ce qui me valut le reproche de ne leur laisser aucune autonomie dans l'approche des textes et qui était tout à fait regrettable...»

Florence, certifiée de lettres classiques,
enseignante en classes de collège et de lycée.

APRÈS L'INSPECTION

Le rapport d'inspection vous est, en principe, adressé dans un délai d'un mois. Vous pouvez alors formuler des observations auxquelles vous serez en droit d'obtenir des réponses. Quant à la fameuse note pédagogique (▶ fiche 8), les textes indiquent qu'elle vous est communiquée, si possible, dans les trois mois qui suivent l'inspection. En pratique, vous en prendrez connaissance bien plus tard (après harmonisation).

BON À SAVOIR

Si vous ne pouvez contester votre note pédagogique, vous pouvez demander une nouvelle inspection. La CAP compétente est informée des cas de baisse de note (ce qui est très rare).

TEXTES FONDAMENTAUX

- Note de service n° 83-512 du 13 décembre 1983 modifiée par la note de service n° 94-262 du 2 novembre 1994

Les attentes et réactions des inspecteurs dépendent aussi de la personnalité de ces derniers. Si vous êtes nouveau/nouvelle dans votre académie, renseignez-vous auprès de vos collègues (sans pour autant baser toute votre préparation sur leurs propos), si c'est l'inspecteur qui est nouveau... attendez la surprise sans angoisse.

Faire des heures supplémentaires

Travaillez plus…

Travailler plus permet de… gagner plus, mais aussi, parfois, de sortir de sa routine en étant confronté(e) à de nouveaux publics. L'enrichissement est donc également de nature intellectuelle! Les possibilités sont nombreuses. Évitez, cependant, de prendre trop d'engagements : les stakhanovistes des heures sup' risquent la fatigue chronique, et la qualité de leurs enseignements pâtit souvent de leur hyperactivité… Suivez, par ailleurs, l'actualité avec la plus grande attention, car ce domaine épineux est susceptible d'être, à court terme, profondément modifié.

NOTIONS PRÉALABLES

Les heures supplémentaires années (HSA)

Les HSA sont les heures supplémentaires que vous faites toute l'année, au-delà de vos obligations de base. Elles figurent dans votre emploi du temps (et dans le formulaire de ventilation de votre service). Leur taux de rémunération est fonction du corps auquel vous appartenez, de votre grade (mais pas de votre indice) ainsi que du service que vous devriez normalement accomplir. Les modalités de calcul figurent dans le décret de 1950 modifié, cité plus bas. La rémunération annuelle est, actuellement, comprise entre 800 et 1 700 euros pour les enseignants hors CPGE.

On peut vous imposer une HSA, mais pas plus. Cette première heure est majorée de 20 % par rapport aux suivantes.

Les HSA vous sont payées mensuellement, d'octobre à juin.

Les heures supplémentaires effectives (HSE)

Les HSE sont des heures supplémentaires effectuées ponctuellement dans votre établissement.

Une HSE est rétribuée 1/36e de l'indemnité annuelle évoquée ci-dessus, majorée de 15 % en règle générale, de 25 % s'il s'agit d'un remplacement de courte durée.

Les HSE sont déclarées par votre chef d'établissement à la fin de chaque trimestre et payées deux à trois mois plus tard.

> **BON À SAVOIR**
>
> Pour les enseignants du second degré exerçant dans le supérieur, le principe des HSA n'existe pas : ne sont des heures supplémentaires que celles qui sont effectuées au-delà des 384 heures de service annuelles appréciées chronologiquement (▶ fiche 18).

Autorisation de cumul pour les heures hors de votre établissement

Si vous souhaitez effectuer une activité accessoire d'enseignement dans un autre établissement que le vôtre, il va vous falloir demander une autorisation de cumul d'activités.

Le régime du cumul a été modifié par la loi de modernisation de la fonction publique de février 2007 et son décret d'application de mai 2007.

L'autorisation de cumul doit être demandée au recteur, par la voie hiérarchique, préalablement à l'exercice de l'activité. Il ne faut pas que cette activité porte atteinte au fonctionnement normal, à l'indépendance ou à la neutralité du service public. Votre chef d'établissement donnera, au passage, son avis sur ce point. Dans certaines académies, le recteur délègue à ce dernier le soin de prendre la décision ; il reste cependant compétent en cas de contestation de votre part.

> **BON À SAVOIR**
>
> Le fait que vous ayez un temps partiel ou que vous refusiez d'en faire plus dans votre établissement peut logiquement conduire votre principal ou proviseur à ne pas avoir d'avis positif quant à des interventions à l'extérieur…
>
> Le nombre d'heures que vous envisagez de réaliser aura, bien entendu, une influence sur la décision finale.

Votre demande, généralement portée sur un imprimé type qui vous sera fourni par votre employeur « parallèle » (si ce n'est pas le cas, demandez-en un à votre administration), doit au moins mentionner l'identité et la nature de l'organisme employeur, ainsi que la nature, la durée, la périodicité et les conditions de rémunération de vos interventions.

Sauf si l'administration estime qu'il lui manque des informations, elle doit vous notifier sa décision dans un délai d'un mois. En l'absence de réponse, votre demande est réputée acceptée.

À noter que le cumul d'activités publiques (y compris les heures sup' effectuées dans votre établissement) ne devait en aucun cas, selon un décret-loi de 1936, vous permettre de doubler votre traitement net de base. La loi de février 2007 a abrogé (supprimé) ce texte et ne mentionne, quant à elle, aucun plafond…

> **BON À SAVOIR**
>
> Quid de la rémunération et de la périodicité du paiement de ces heures sup' hors de votre établissement ? Elles sont variables selon les organismes. Deux exemples :
> - dans les Groupements d'établissements (Gréta, formation continue), le taux de rémunération dépend du niveau dans lequel vous intervenez (5 niveaux de VI-V à I), avec de grosses différences… Dans certains cas particuliers, ces taux peuvent, par ailleurs, se voir majorés de 25 ou 50 % ;
> - à l'université, le taux de rémunération de l'heure dépend de la nature de celle-ci : heure de cours magistral, de travaux dirigés (TD) ou de travaux pratiques (TP). 1 h de cours ⇔ 1,5 h de TD ⇔ 2,25 h de TP (l'heure de TD est actuellement rémunérée environ 40 €). Quand à la périodicité du paiement : souvent deux à trois fois dans l'année…

Exonérations fiscales et sociales

Un décret d'octobre 2007 a élargi au secteur public la défiscalisation des heures supplémentaires qui avait été adoptée dans le privé. Merveilleux… mais toutes les heures sup' ne sont pas concernées. Pour l'essentiel, n'échappent aux impôts et cotisations sociales que celles que vous réalisez dans votre établissement, c'est-à-dire là où l'Éducation nationale va avoir le plus besoin de vous…

> **BON À SAVOIR**
>
> Les heures supplémentaires, où que vous les réalisiez, restent une rémunération accessoire qui peut disparaître… Ne les incluez pas comme un revenu fixe dans la gestion de votre budget !

COMMENT ET OÙ TROUVER CES HEURES ?

En dehors des heures à effectuer au sein de votre établissement, dont vous serez bien entendu informé(e), comment trouver des heures à l'extérieur ?

Réseau

Comme partout et comme toujours, vos connaissances plus ou moins proches (inspecteur, collègues, amis, anciens profs…), constituent la meilleure source d'information. Quand le besoin d'intervenants se fait sentir quelque part, la première réaction des demandeurs est de faire appel à leur réseau.

> **BON À SAVOIR**
>
> Pour la participation à des jurys en tous genres, notamment des jurys de concours, vous ne vous portez pas candidat : « on » fait appel à vous. Ce « on » varie selon la nature des concours ; pour ceux de l'enseignement, c'est l'inspection générale qui décide. Exercer ce genre de fonction est généralement plus honorifique que lucratif. La production de sujets, la correction des copies, la participation aux délibérations… sont très gourmands en temps. Il s'agit, cependant, de propositions que l'on ne décline pas.

Candidature spontanée

Si vous n'avez pas de réseau, mais un profil et des compétences pouvant potentiellement intéresser certains établissements, n'hésitez pas à les contacter pour proposer vos services. L'idéal est de commencer avec une approche téléphonique complétée par l'envoi de votre CV accompagné d'une lettre de motivation (▶ fiches 5 et 6). S'il n'y a pas de besoins dans l'immédiat, peut-être vous verrez-vous proposer quelque chose ultérieurement.

> **BON À SAVOIR**
>
> Si l'on vous propose des interventions dans l'urgence (par exemple, dans le cadre d'un remplacement) et qu'à ce moment-là, ça ne vous arrange pas vraiment, ne déclinez pas l'offre sans avoir bien réfléchi, car vous pourrez alors probablement dire adieu à toute collaboration ultérieure…

Quelques pistes à explorer

- Dans *votre établissement* : en dehors des heures supplémentaires d'enseignement que vous pouvez réaliser dans votre discipline, il existe d'autres types d'heures dont les modalités de rémunération peuvent différer. Les profs d'EPS assument l'animation d'associations sportives dans les établissements. Les autres enseignants peuvent également se voir proposer des activités de tutorat, de soutien scolaire (notamment dans le réseau «ambition réussite»), d'animations dans le cadre de l'opération «écoles ouvertes» (consistant à ouvrir certains collèges et lycées les mercredis et samedis et pendant les vacances scolaires)…

> ### BON À SAVOIR
>
> Les colles (ou khôlles) sont des interrogations orales qui «opposent» régulièrement, pendant une heure, un enseignant à trois étudiants de CPGE. Certaines colles sont réalisées par des enseignants de prépa, mais pas toutes. Les personnes appelées en renfort peuvent être des anciens élèves ayant intégré une grande école ou… des enseignants.
> Mieux vaut être agrégé (ou, au moins, préparer l'agrég') ou enseignant dans le supérieur pour se voir confier des heures de colles. Les pratiques varient cependant selon les établissements.

- Dans la formation *continue*: Gréta, Association nationale pour la formation des adultes (Afpa), Conservatoire national des arts et métiers (Cnam)… Les organismes qui interviennent dans la formation continue sont nombreux. Parmi eux, les Gréta sont une source d'heures sup' très importante. À noter que certains d'entre eux proposent des offres de vacations sur leurs sites Web. N'oublions pas la formation continue… des enseignants: plan académique de formation (PAF), plan de formation des personnels de l'université, etc., proposent des stages et modules qui peuvent être animés par des profs du second degré.

- Dans la *formation à distance*: le Cned fait ponctuellement appel à des vacataires pour assurer des corrections de copies, cassettes, devoirs numériques ou pour rédiger des supports pédagogiques. Si vous êtes intéressé(e), la procédure normale consiste à envoyer votre CV, accompagné d'une lettre de motivation, à l'institut du Cned dont relève la discipline dans laquelle vous êtes expert(e). La liste des six instituts du Cned, avec leurs spécialités et leurs coordonnées, figure sur le site de l'établissement[1].

- Dans une *composante de l'université*: facultés, Instituts universitaires de formation des maîtres (IUFM), Instituts universitaires de technologie (IUT)… font appel à de nombreux vacataires. Pour les IUT, il s'agit même d'une obligation. Le but de faire ainsi entrer des professionnels dans les enseignements est, dans certaines disciplines, détourné avec l'utilisation de professionnels… de l'enseignement.

---

1. http://www.cned.fr

- Dans les *écoles supérieures publiques ou privées*. Ces dernières aiment bien mettre en avant le haut niveau de leur équipe enseignante, alors vos chances seront d'autant plus importantes que votre profil sera pointu et/ou qu'il en «jettera».

- Quant aux *cours particuliers*, que ce soit par l'intermédiaire d'organismes ou en direct, pourquoi pas, à condition de ne pas oublier votre autorisation de cumul et la déclaration de vos gains! Sinon, vous ne respectez pas vos obligations de fonctionnaire (et, en plus, c'est du travail au noir)… mais qui les respecte sur ce point? Vous pouvez vous inscrire sur un site Web mettant en contact enseignants et futurs élèves.

BON À SAVOIR

Quels sont les tarifs des cours particuliers?
Si vous agissez en direct, vous fixez vos tarifs, qui peuvent être élevés si votre qualification est importante (il faudra, bien entendu, trouver une clientèle…). Vu sur le Web: 15 à 60 € de l'heure.
Les entreprises de soutien scolaire pratiquent, quant à elles, en règle générale, des tarifs beaucoup plus attractifs pour des étudiants qui cherchent à financer leurs études que pour des professionnels ayant déjà un salaire…

TEXTES FONDAMENTAUX

- Décret n° 50-1253 du 6 octobre 1950 modifié par le décret n° 99-824 du 17 septembre 1999.
- Décret n° 2007-658 du 2 mai 2007.

Si votre motivation pour effectuer des heures sup' est de nature financière, n'oubliez pas de vous livrer à un petit calcul: que vous rapportent ces heures une fois défalqués vos impôts (toutes ne sont peut-être pas défiscalisées)? Quel est le temps de préparation de chacune d'entre elles? Combien cela vous coûte-t-il d'aller travailler (essence, garde d'enfant(s)?). Ce n'est qu'à ce moment-là que vous pourrez voir si le jeu en vaut la chandelle.

Connaître le fonctionnement des mutations

Dans le mouv'

Pour un nombre conséquent de jeunes diplômés souhaitant travailler dans le secteur privé, obtenir un premier poste rime souvent avec un passage obligé par la région parisienne. Puis, avec quelques années d'expérience, trouver un emploi intéressant et lucratif dans un joli coin de province, pour ceux qui le souhaitent, devient envisageable. Dans le public, même début de carrière, mais la comparaison s'arrête là… Car être affecté dans une académie sympathique, surtout si elle se trouve de surcroît dans une zone ensoleillée du territoire, est très loin d'être évident…

PRINCIPE GÉNÉRAL DU MOUVEMENT

Qui participe au mouvement?

Ceux qui y sont obligés pour avoir une affectation (enseignants à l'issue de leur année de stage, personnels réintégrant l'enseignement après un détachement…) et ceux qui le souhaitent…

Les deux temps du mouvement national à gestion déconcentrée

- Une phase *interacadémique*, à l'occasion de laquelle on formule des vœux portant exclusivement sur des académies (et/ou sur Mayotte, ▶ fiche 16).
- Une phase *intra-académique*, lorsque l'on a obtenu une académie, ou que l'on souhaite juste changer de poste au sein de la sienne.

Qu'il est lointain le temps où le mouvement, national, se faisait en une seule fois et donnait à tous ceux qui y participaient la possibilité de formuler des vœux variés, sur des académies, des départements, des établissements précis… Mais inutile de remuer le couteau dans la plaie. Le système est ce qu'il est, et il vous faut faire avec.

Pour les deux phases, les demandes s'effectuent uniquement via I-Prof (Système d'information et d'aide aux mutations – Siam).

LA PHASE INTER-ACADÉMIQUE

BON À SAVOIR

C'est au mois de novembre que paraît au *BOEN*, chaque année, la note de service (NS) traitant des règles et procédures relatives au mouvement de la rentrée suivante.
Vous y trouverez les éléments de calcul du barème selon lequel sont classées les demandes de mutation. Vous devez impérativement prendre connaissance du document et de ses annexes dans leurs moindres détails, car vous faites peut-être partie d'un des nombreux cas particuliers évoqués, et les critères peuvent, par ailleurs, changer d'une année à l'autre.
Le barème n'est qu'indicatif, l'administration peut décider de passer outre dans certains cas.

Les éléments pris en compte dans le barème

- Pour la partie fixe :
  - échelon atteint,
  - ancienneté dans le poste.
- Pour la partie variable, qui dépend de la situation personnelle, de la nature des vœux, d'éléments de politique nationale, etc.
  - remplacement (cas des titulaires de zone de remplacement, TZR),
  - personnels en affectation à caractère prioritaire justifiant une valorisation (APV) : ceux qui se sont durablement investis dans certains établissements (sensibles, ruraux isolés…) dont la liste est dressée au niveau académique,
  - situation individuelle (stagiaires, vœu préférentiel, handicap, situation médicale grave, mention complémentaire à un concours…),
  - situation familiale ou civile (rapprochement de conjoints, mutations simultanées…).

Le barème qui apparaît lorsque vous effectuez votre saisie n'est pas définitif : il fait l'objet d'une vérification avant de le devenir.

> **BON À SAVOIR**
>
> La situation familiale prise en compte pour certaines bonifications (mariage…) doit, en règle générale, être effective au 1er septembre de l'année pendant laquelle vous formulez votre demande.
>
> Concernant les Pacs de complaisance, qui ont un certain succès auprès des jeunes enseignants, sachez que vous devrez, pour bénéficier du rapprochement de conjoint, faire une déclaration fiscale commune. Alors, réfléchissez bien avant de vous engager à la légère…

Vœux et calendrier

Vous pouvez formuler jusqu'à 31 vœux.

Si votre participation au mouvement est une obligation, vous devez exprimer un maximum de vœux pour éviter la procédure d'extension ! En effet, cette dernière consiste, lorsque l'on n'a pas pu vous donner satisfaction, à rayonner autour de l'académie qui constitue votre premier vœu, selon un ordre donné par des tables figurant en annexe de la note de service relative au mouvement (ordre qui ne serait pas forcément le vôtre…), votre barème ne bénéficiant alors d'aucune des bonifications attachées à des vœux spécifiques…

Le calendrier des opérations vous est donné sur I-Prof. Respectez bien les délais !

Vous saurez quelle académie vous avez obtenue vers la mi-avril.

Les barres d'entrées

Il s'agit du nombre de points qu'avait, l'année passée, le dernier entrant dans les différentes académies, selon les disciplines. Vous pouvez les obtenir en tapant les mots « barres d'entrée mouvement », dans votre moteur de recherche favori.

Quel est l'intérêt de la chose : aucun, ou presque… En effet, aviez-vous réellement besoin de ça pour constater que vous n'avez que peu de chance de rejoindre l'académie de Montpellier, dont vous êtes originaire ? Par ailleurs, ces barres varient, d'une année à l'autre, en fonction des besoins de l'académie, du nombre de demandeurs, du barème de ces derniers ainsi que des règles de calcul du barème.

Alors inutile de vous autocensurer lorsque vous exprimez vos vœux !

LA PHASE INTRA-ACADÉMIQUE

Pour changer de poste dans votre académie: à votre tour d'exprimer vos vœux.

Si vous avez été affecté(e) dans une nouvelle académie: rebelote! Un nouveau tour de roulette…

> **BON À SAVOIR**
>
> Si vous avez changé d'académie, c'est à vous de faire parvenir, dans les délais impartis, votre dossier visé par votre chef d'établissement à votre nouveau rectorat.

La procédure

Toujours via I-Prof, avec un barème, académique, mais pouvant toujours être – dans certains cas – contourné par l'administration.

Cette deuxième phase est généralement ouverte début avril.

Vous allez avoir à votre disposition une liste de postes vacants dans l'académie. Celle-ci n'est cependant qu'indicative, d'autres postes pouvant se libérer par l'effet du mouvement.

Les vœux

Que pouvez-vous demander?
- des établissements;
- des communes;
- des groupements de communes;
- des départements;
- des zones de remplacement;
- tout poste dans l'académie.

Vous pouvez formuler une vingtaine de souhaits. Utilisez toutes les possibilités pour éviter la sempiternelle procédure d'extension (avec des règles académiques). Vous pouvez, là aussi, consulter les barres d'entrée intra-académiques (certains rectorats les mettent en ligne).

> **BON À SAVOIR**
>
> Même si vous avez un très bon barème à l'entrée dans l'académie, gardez la tête froide : vous allez être en concurrence avec les demandeurs locaux…

Les résultats finaux sont en principe communiqués mi-juin.

LES MOUVEMENTS SPÉCIFIQUES

Pour tenter d'échapper à la grande loterie du mouvement général et/ou pour répondre à des choix professionnels bien précis, vous pouvez participer à des mouvements spécifiques.

Les mouvements spécifiques nationaux destinés aux enseignants

L'affectation sur certains types de poste est de compétence ministérielle. Sont concernés les postes suivants :

- CPGE (▶ fiche 13) ;
- sections internationales ;
- sections de techniciens supérieurs (STS) de certaines spécialités (voir la liste en annexe de la NS relative au mouvement ▶ fiche 13) ;
- art appliqué ;
- sections « théâtre expression dramatique » ou « cinéma audiovisuel » ;
- PLP dessin d'art appliqué aux métiers d'art ;
- PLP requérant des compétences professionnelles particulières ;
- chef de travaux (▶ fiche 24).

Une publication de postes indicatifs est effectuée sur I-Prof, en général dans la deuxième quinzaine de novembre.

Vous pouvez formuler 15 vœux, qui peuvent être plus ou moins précis. Ratissez au-delà de ce qui est proposé dans la liste, car certains postes peuvent être libérés dans le cadre du mouvement.

Les dossiers sont examinés hors barème. Le choix est fait en fonction des profils des candidats. Il existe des modalités complémentaires de candidature spécifiques à chaque type de poste.

Les affectations sont généralement prononcées en mars.

Les mouvements spécifiques intra-académiques

Au sein de votre académie, vous pouvez également poser votre candidature sur des postes qui peuvent être attribués hors barème. Leur nature varie selon les académies et leurs pratiques. On peut, par exemple, citer les postes en STS autres que ceux relevant du mouvement spécifique national, les postes en établissements régionaux d'enseignement adapté (EREA), les postes classés au titre du dispositif « Ambition réussite »… Les postes en milieu pénitentiaire sont également proposés au mouvement intra.

Les modalités de candidature relèvent des académies.

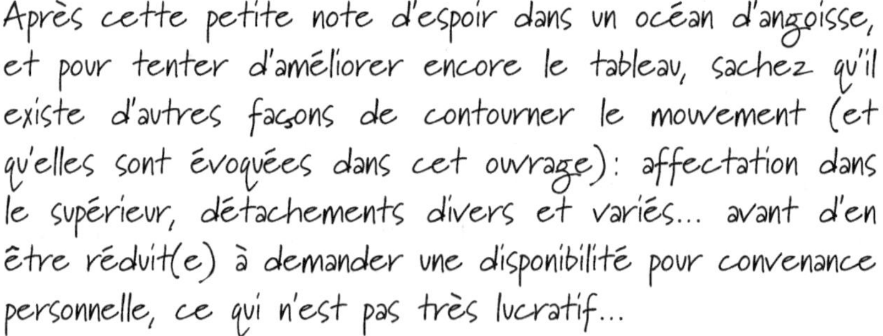

Après cette petite note d'espoir dans un océan d'angoisse, et pour tenter d'améliorer encore le tableau, sachez qu'il existe d'autres façons de contourner le mouvement (et qu'elles sont évoquées dans cet ouvrage) : affectation dans le supérieur, détachements divers et variés… avant d'en être réduit(e) à demander une disponibilité pour convenance personnelle, ce qui n'est pas très lucratif…

Être professeur principal ou conseiller pédagogique

T'es quand gourou ?

Animer, coordonner, conseiller… ces missions font pleinement partie du métier d'enseignant. Vous pouvez cependant accroître leur place dans votre quotidien en accomplissant des fonctions supplémentaires de suivi et de conseil vis-à-vis de vos élèves, ou encore en faisant partager votre expérience à de jeunes collègues (ou futurs collègues) en formation à l'IUFM. Si pour être professeur principal d'une classe, comme pour devenir conseiller pédagogique, vous devez être choisi(e) par une instance hiérarchique, c'est de vos compétences, reconnues par le système, que découlera cette désignation. Soyez donc, avant tout, un prof modèle !

ÊTRE PROFESSEUR PRINCIPAL

Les missions du professeur principal

Chaque classe, de la sixième·à la terminale, se voit doter d'un professeur principal dont les missions sont, essentiellement, les suivantes :

- coordonner l'action des membres de l'équipe pédagogique intervenant dans la classe ;
- assurer le suivi des élèves et les aider dans leurs choix d'orientation ;
- synthétiser les résultats de la classe en vue de leur présentation au conseil de classe ;
- assumer un rôle dans la gestion logistique de la classe (élection des délégués, remise et collecte de certains documents…) ;
- être responsable de l'heure de vie de classe.

Pour cela, il est en relation avec le chef d'établissement, le conseiller principal d'éducation (CPE), le conseiller d'orientation-psychologue (COP), l'assistante sociale… ainsi qu'avec les parents d'élèves. Ce « job » nécessite donc un certain sens du contact.

> **BON À SAVOIR**
>
> Le rôle est variable selon la classe dans laquelle cette mission est exercée. Le problème de l'orientation se pose, par exemple, de façon plus cruciale, pour des élèves de 3ᵉ que pour ceux qui sont en 6ᵉ…

Devenir professeur principal

Les professeurs principaux sont désignés par le chef d'établissement, souvent en fonction des vœux émis par les enseignants.

Halte, cependant, aux chasseurs de primes : vous ne pouvez être professeur principal que d'une seule classe par année scolaire !

L'aspect financier

L'indemnité de professeur principal est constituée par la part modulable de l'indemnité de suivi et d'orientation des élèves (ISOE). Elle varie entre 875 et 1 380 euros par an environ, selon la division dans laquelle vous exercez vos missions.

À noter : les professeurs agrégés exerçant cette fonction dans une division de collège ou en seconde perçoivent environ 1 610 euros.

> **BON À SAVOIR**
>
> Quid de l'heure de vie de classe ? Si elle est sous la responsabilité du professeur principal, ce dernier n'est pas le seul à pouvoir l'animer : peuvent notamment intervenir d'autres membres de l'équipe éducative, voire des personnes extérieures.
> Les textes ne prévoient pas de rémunération. Certains chefs d'établissement considèrent donc que les interventions du professeur principal sont prises en compte dans son indemnité, d'autres en rétribuent quelques-unes sous la forme de HSE.

> **TEXTES FONDAMENTAUX**
> - Circulaire n° 93-087 du 21 janvier 1993.
> - Décret n° 93-55 du 15 janvier 1993.
> - Note de service n° 2007-037 du 31 janvier 2007.

ÊTRE CONSEILLER PÉDAGOGIQUE

Les missions du conseiller pédagogique

Le conseiller pédagogique est un formateur associé de l'IUFM. Ce n'est cependant pas dans les locaux de ce dernier qu'il exerce son art, mais sur le terrain, au sein de l'établissement où il enseigne, en encadrant les différents stages accomplis par les étudiants de 1re année d'IUFM et les professeurs stagiaires :

- il assure le suivi du stagiaire en responsabilité de deuxième année d'IUFM ;
- il accueille des stagiaires en pratique accompagnée dans sa classe et leur confie certaines séances ;
- il accueille des stagiaires en stage de sensibilisation.

Dans ces différents cadres, ses rôles sont, grossièrement, les suivants :

- accueil : dans l'établissement, au sein de l'équipe pédagogique… ;
- aide, soutien, conseil : au niveau de la connaissance des publics d'élèves, des méthodes pédagogiques, de la logistique (cahier de texte, bulletins…) ;
- évaluation : un rapport d'étape puis un bilan du stage, pour le stage en responsabilité, un seul rapport pour le stage en pratique accompagnée.

Il doit essayer de permettre à ses stagiaires de progresser pour donner le meilleur d'eux-mêmes, sans pour autant chercher à jouer le modèle. Pas facile…

> **BON À SAVOIR**
>
> Certains IUFM ont conçu un livret du conseiller pédagogique qui recense toutes ses missions avec précision.
> Il existe, par ailleurs, des stages de formation de formateurs proposés dans les plans académiques de formation (▶ fiche 14).

Devenir conseiller pédagogique

C'est l'inspection qui propose au rectorat une liste d'enseignants susceptibles d'exercer les fonctions de conseiller pédagogique. Cette dernière est arrêtée par le recteur. Les conseillers pédagogiques sont ensuite choisis sur la liste, en fonction de l'implantation des stagiaires dans les établissements.

L'aspect financier

Il diffère selon les stages encadrés :

- stage en responsabilité : environ 750 euros pour l'année + une NBI de 10 points, ce qui représente, au total, environ une heure-année ;
- stage en pratique accompagnée : environ 54 euros par blocs de cinq heures (pour un à trois stagiaires). La durée moyenne du stage est généralement de 40 heures.
- stage de sensibilisation : aucune rémunération, mais ce type de stage demande au conseiller pédagogique une implication bien moindre que ceux qui précèdent…

Petite précision pour en finir avec les fonctions de gourou : vous pouvez avoir envie de les occuper, mais on peut aussi vous les proposer alors que vous n'en voulez pas. Pouvez-vous refuser ? En théorie, oui. En pratique, ce n'est pas avec ce genre d'attitude que vous favoriserez votre avancement…

Enseigner en STS ou en classe préparatoire aux grandes écoles

La cour des grands

Paroles de prof de STS (sections de techniciens supérieurs) face à un parterre d'enseignants stagiaires : « Un élève de STS, c'est juste un élève de terminale qui a pris des vacances… » S'il ne faut, effectivement, pas nourrir d'espoirs excessifs à ce propos, enseigner en STS est souvent plus intéressant que dans d'autres sections, aussi bien sur le fond… qu'au niveau des obligations de service. Quant aux classes préparatoires, la sélection des élèves y est infiniment plus rude, et les enseignants qui y interviennent constituent une forme « d'aristocratie » au sein de l'Éducation nationale, mais les places sont très convoitées…

ENSEIGNER EN STS

Les STS

Les sections de techniciens supérieurs, implantées essentiellement dans les lycées, préparent en deux ans les élèves titulaires du baccalauréat à passer un brevet de technicien supérieur (BTS), diplôme permettant une insertion rapide dans la vie professionnelle. De multiples spécialités existent. Les enseignements principaux correspondent à des disciplines techniques, mais les matières classiques sont également enseignées.

Voici quelques particularités de l'enseignement en STS :

- public sélectionné et (un tout petit peu) plus mûr que celui des classes du second degré ;
- cours plus riches, de par leur niveau ;
- relations accrues avec les entreprises (suivi des stages…) ;
- périodes sans enseignement correspondant aux stages des élèves.

Devenir enseignant en STS

- Sur un *poste spécifique* : pour de nombreuses STS qui requièrent des compétences très particulières (métiers de l'eau, professions immobilières…), les postes proposés font l'objet d'un mouvement spécifique national. Pour les sections plus « classiques » (par exemple Comptabilité et gestion des organisations), leur attribution relève parfois d'un mouvement spécifique intra-académique (pour les matières techniques uniquement), (▶ fiche 11).

> **BON À SAVOIR**
>
> Pour poser sa candidature dans le cadre du mouvement spécifique national, il est fortement conseillé de compléter la demande effectuée via I-Prof par un dossier envoyé au doyen de l'Inspection générale de sa discipline (lettre de motivation, CV, vœux, copie du dernier rapport d'inspection…). Quant au mouvement intra-académique, mieux vaut entretenir de bonnes relations avec son inspecteur…

- Effectuer *quelques heures* en STS : le choix relève du chef d'établissement et la concurrence fait souvent rage, du fait des avantages signalés ici.

Le service des enseignants de STS

Une heure effectuée en STS est décomptée une heure et quart, cependant les enseignements dans deux divisions ou sections parallèles (dispensés par un même enseignant) ne donnent lieu qu'à une seule majoration, et le service des enseignants ne doit pas être inférieur à 13 heures 30 pour les agrégés, 15 heures pour les non-agrégés.

> **BON À SAVOIR**
>
> À la pondération mentionnée ci-dessus vient s'ajouter la décharge de première chaire (une heure de service hebdomadaire en moins pour ceux qui effectuent au moins six heures dans des classes de première, terminale, STS ou CPGE).

ENSEIGNER EN CPGE

Les CPGE

Implantées, pour l'essentiel, dans les lycées, les classes préparatoires aux grandes écoles peuvent être de natures différentes (prépas scientifiques, littéraires, économiques et commerciales). Sont également classées dans cette catégorie, les classes préparant au diplôme de comptabilité et de gestion (DCG). La liste des CPGE est régulièrement publiée au BOEN.

Voici les particularités de l'enseignement en CPGE :

- niveau élevé d'exigence pour les élèves… et pour les profs (aussi bien en termes de contenu d'enseignement que de volume de travail) ;
- motivation d'un public durement sélectionné ;
- méthode d'enseignement traditionnelle, c'est-à-dire prépondérance du cours magistral (à noter que les classes sont souvent très chargées) ;
- rôle de « conseiller d'orientation » assumé par l'enseignant, surtout en seconde année.

Ma principale motivation pour enseigner en CPGE est de permettre à des élèves très motivés et travailleurs de tirer pleinement profit de leurs capacités. C'est toujours un plaisir d'apprendre que certains ont intégré de grandes écoles.

Évidemment, le rythme de travail est très soutenu, aussi bien pour les élèves que pour nous, les enseignants. Je n'ai qu'une seule classe à charge, mais mon service dépasse déjà largement les dix heures que je dois normalement effectuer. Il faut aussi ajouter les colles (sorte d'interrogations orales) qui permettent de suivre les élèves plus individuellement.

Au total, il vaut mieux ne pas compter ses heures, ni espérer beaucoup profiter de ses week-ends. Mon programme est chargé mais surtout très stimulant et c'est un plaisir de le transmettre à des élèves intéressés. »

Michel, agrégé de mathématiques, enseignant en Maths sup'.

Le mouvement dans les CPGE

Les postes « étiquetés » CPGE font l'objet d'un mouvement spécifique national (▶ fiche 11). Comme pour enseigner en BTS, il est fortement recommandé de faire parvenir un dossier à l'Inspection générale. Il s'agit de postes impliquant un horaire complet ou très important dans ces sections.

Il existe des enseignants effectuant la majeure partie de leur enseignement en CPGE qui ne sont pas nommés sur une chaire CPGE (pas de support budgétaire). Si un tel poste est créé par la suite, ils devront le demander au mouvement spécifique pour garder leur(s) classe(s).

De même, changer de niveau de classe dans un même établissement nécessite une demande au mouvement spécifique.

> **BON À SAVOIR**
>
> L'inspection générale (IGEN) est souveraine en ce qui concerne l'affectation en CPGE. C'est elle qui décide de tout, y compris des remplacements des enseignants exerçant dans ces sections.
>
> Ainsi, si vous avez raté le coche pour le mouvement spécifique, n'hésitez pas à prendre votre téléphone pour contacter directement l'IGEN. Si vous avez un bon dossier, il pourra être fait appel à vous en cas de besoin.
>
> Par ailleurs, l'IGEN se montre rancunière à l'égard de ceux qui n'ont pas accepté un poste proposé (surtout s'il fallait le pourvoir dans l'urgence) : leurs demandes des années futures se voient, de ce fait, fortement compromises. Alors, si vous tenez à enseigner en CPGE, sachez être souple pour obtenir satisfaction. On vous en sera reconnaissant…

Le nombre de postes en prépa a beaucoup augmenté, cependant les candidats sont très nombreux et seuls 10 % d'entre eux, en moyenne, obtiennent satisfaction.

Les critères de sélection de l'Inspection générale

Ils varient selon les disciplines et les années. Une constante cependant : inutile de postuler si vous n'êtes pas agrégé(e). Il est, par ailleurs, assez rare que les néo-agrégés soient nommés directement en CPGE, surtout dans les disciplines littéraires…

Les points entrant en ligne de compte sont généralement les suivants :

- rang à l'agrégation (un élément essentiel) ;
- expérience pédagogique ;

- contacts avec l'enseignement supérieur et la recherche (DEA, thèse, articles…) ;
- qualité de normalien ;
- pour les postes en DCG, une expérience professionnelle (en cabinet comptable…) est appréciée.

Le service des enseignants de CPGE

- Pour ceux qui effectuent *tout leur service* dans ces sections, le nombre d'heures dépend de la nature de la prépa, du niveau de la classe (1re ou 2e année), de ses effectifs ainsi que de la discipline enseignée. Il varie, en règle générale, entre 8 et 11 heures hebdomadaires, mais peut aller jusqu'à 13 heures.

- Pour ceux qui n'effectuent qu'*une partie de leur service* en prépa, une heure est décomptée une heure et demie, sauf les heures parallèles (pour lesquelles la pondération ne s'applique qu'une fois), et l'application de cette règle ne doit pas avoir pour effet de faire descendre leur service en dessous du volume horaire de ceux qui n'enseignent qu'en CPGE.

La décharge de première chaire (une heure de service hebdomadaire en moins) s'applique également.

> **BON À SAVOIR**
>
> Les heures réalisées au-delà du service mentionné ci-dessus sont des HSA « normales » : une heure devant les élèves compte pour… une heure.

Évolutions de carrière

- Se voir attribuer un type de classe plus intéressant ou plus prestigieux (par exemple, passer de Maths sup' à Maths spé, pour un enseignant de matières scientifiques).

- Intégrer, par liste d'aptitude, le corps des professeurs de chaire supérieure.

Quelles sont les conditions requises ? Avoir assuré, pendant deux ans, au moins cinq heures hebdomadaires dans une CPGE et être agrégé hors-classe, ou avoir atteint le 6e échelon de la classe normale. Pour les implications indiciaires, reportez-vous au tableau proposé en annexe.

TEXTES FONDAMENTAUX

- Décret n° 50-581 du 25 mai 1950 modifié.
- Décret n° 50-582 du 25 mai 1950 modifié.
- Décret n° 61-1362 du 6 décembre 1961.
- Circulaire du 16 décembre 1962.

Il existe également des STS et des CPGE dans des établissements hors Éducation nationale, relevant notamment du ministère de l'Agriculture (lycées agricoles) ou du ministère de la Défense (lycées militaires). Les modalités de candidature, particulières, sont précisées au BOEN, lors de la publication de ces postes (▶ fiche 19).

Stages et formations

Dé-formations professionnelles

Pour évoluer… ou tout simplement se maintenir à flot, un enseignant ne peut vivre indéfiniment sur ses acquis. Se former peut être simplement, à titre personnel, se tenir au courant des évolutions de sa matière et de la pédagogie, par une lecture régulière de la presse et de manuels. Si vous procédez de la sorte, vous êtes consciencieux (/cieuse) et c'est très bien. Le problème est que cela ne peut pas vous permettre, à terme, d'enrichir votre CV… De nombreuses possibilités de formation s'offrent à vous si vous voulez penser « utile » pour votre carrière..

CADRE JURIDIQUE DE LA FORMATION DES FONCTIONNAIRES

Les grands principes

Le cadre juridique de la formation des fonctionnaires a été considérablement « toiletté » par la loi de modernisation de la fonction publique de février 2007, précisée par un décret d'application d'octobre 2007. Ont notamment été institués le droit individuel à la formation (DIF), la période de professionnalisation, ainsi que les congés pour bilan de compétence et validation des acquis de l'expérience (VAE).

La formation professionnelle des agents de l'État tout au long de la vie a pour objet de leur permettre d'exercer le plus efficacement possible leurs fonctions pendant l'ensemble de leur carrière, mais également de favoriser leur développement professionnel, leur mobilité et la réalisation de leurs aspirations personnelles. Quel programme !

Quelques dispositions intéressantes

- Le DIF permet aux fonctionnaires de participer à des actions de formation (autres que celles qui sont obligatoires dans le cadre de leurs fonctions), à hauteur de 20 heures annuelles. La capitalisation de ces périodes est possible jusqu'à un plafond de 120 heures.

- Il faut en formuler la demande auprès de l'administration. Cette dernière prend à sa charge, si elle répond favorablement, le coût de la formation concernée. Si le temps de formation se déroule au-delà du temps de service, l'administration doit verser à l'intéressé une allocation égale à 50 % du traitement horaire.

- S'il remplit certaines conditions, un fonctionnaire peut demander à bénéficier d'une période de professionnalisation. Il s'agit d'une phase pendant laquelle il suit une formation en alternance, qui peut être un préalable à un détachement suivi de l'intégration dans un nouveau corps ou cadre d'emploi. Intéressant pour favoriser la mobilité…

- Le congé pour bilan de compétence est évoqué dans la fiche 1. Concernant le congé pour VAE, il ne peut excéder 24 heures, éventuellement fractionnables, par an et par validation (voir ci-dessous).

- Tous ces dispositifs vous permettent de vous former pendant vos heures de travail, ou en étant indemnisé(e). Si vous souhaitez répondre à des aspirations plus personnelles qui ne relèvent pas vraiment de la formation continue, de la préparation d'examens, de concours ou autres procédures de promotion interne, vous pouvez toujours demander un congé de formation professionnelle ou une mise en disponibilité (▶ fiche 4).

BON À SAVOIR

Quand les actions de formation ont lieu ailleurs que dans la ville de votre résidence administrative, vous êtes bien entendu indemnisé(e), pour couvrir vos frais de transport, de repas et d'hébergement. Cependant, ces remboursements sont plafonnés, et on ne peut pas dire que l'administration soit très généreuse, ni très réaliste. Si vous faites un stage à Paris ou dans sa banlieue, vous ne pourrez guère envisager autre chose que l'hôtel bas de gamme de zone industrielle…

FORMATIONS ET STAGES PROPOSÉS
PAR L'ÉDUCATION NATIONALE

Les formations que vous propose l'Éducation nationale ont pour but de vous permettre une bonne adaptation aux évolutions du système éducatif et de votre profession, ainsi que d'actualiser vos connaissances.

Au niveau national, les orientations de la politique de formation continue sont données par la Direction générale de l'enseignement scolaire (DGESCO), puis adaptées et appliquées dans chaque académie, au travers du plan académique de formation (PAF). Toutes les actions de formation ne sont cependant pas inscrites dans les PAF.

Le plan académique de formation

Il existe des variantes selon les académies, mais les formations proposées sont toujours nombreuses et touchent à de très nombreux domaines. On y trouve notamment des formations relatives aux programmes, aux méthodes pédagogiques, à la préparation de certains concours… Le mieux est de consulter celui de votre académie, dans votre établissement ou chez vous, sur le site du rectorat.

Les demandes de formations proposées au PAF sont le plus souvent satisfaites.

La formation des nouveaux enseignants

Un arrêté de 2006 prévoit que la formation des nouveaux arrivants se prolonge pendant les deux premières années suivant la titularisation.

Il s'agit d'un droit de formation initiale différée, sous la responsabilité du recteur, de quatre semaines pendant la première année d'exercice, deux semaines l'année suivante.

Le dispositif devrait être mis en œuvre à la rentrée 2008.

Les formations et certifications dans le champ de l'adaptation scolaire et de la scolarisation des élèves handicapés (ASH)

Il vous est possible de demander une formation pour préparer l'examen de directeur d'établissement spécialisé (si vous remplissez les conditions,

► fiche 25) ou pour préparer la certification complémentaire pour l'adaptation scolaire et la scolarisation des élèves handicapés (2CA-SH)-second degré (► fiche 19).

Il existe, par ailleurs, des modules d'initiative nationale, normalement réservés aux enseignants spécialisés, mais dont certains peuvent être accessibles à des profs confrontés à des situations particulièrement difficiles.

Les stages en entreprise

L'Éducation nationale donne la possibilité à certains enseignants de découvrir la vie dans une entreprise. C'est intéressant de se frotter un peu au monde hors Éducation nationale ! Tous ne peuvent cependant prétendre bénéficier de cette opportunité, et l'offre est par ailleurs limitée à certaines entreprises (avec une forte concentration en région parisienne).

- Pour les enseignants de disciplines techniques et enseignants de collège, le Centre d'études et de ressources pour les professeurs de l'enseignement technique (Cerpet) propose des stages courts (une semaine pendant des vacances scolaires) et des stages longs (une année, dans un but de mutualisation ultérieure des ressources). Une vingtaine d'enseignants seulement a bénéficié du second dispositif, depuis 2002-2003. Des stages de découverte professionnelle de quelques jours sont également accessibles aux profs de collège en charge d'aider leurs élèves dans leurs choix d'orientation[1].

- Pour les enseignants de sciences économiques et sociales, des stages de neuf semaines, avec alternance de temps en entreprises et de regroupement des stagiaires, sont proposés par la DGESCO[2].

Les autres possibilités

- Des séminaires organisés par la DGESCO (inscription auprès des services académiques).

---

1. Pour plus d'informations : http://www.cerpet.education.gouv.fr.
2. Consultez le site : http://www.melchior.fr.

- De nombreuses ressources documentaires : actes de séminaires et de colloques, sites experts des Écoles normales supérieures (ENS) dédiés à la formation disciplinaire, réseaux nationaux de ressources pour l'enseignement technologique et professionnel.

Vous trouverez des liens vers ces différents documents et sites sur http://eduscol.education.fr.

FORMATIONS DANS LE CADRE D'UN PROJET PERSONNEL

Quelle position administrative ?

Quand votre but est clairement de jouer perso, pour accroître votre culture, vous aérer l'esprit, ou encore vous préparer à des changements professionnels qui n'avantagent en rien notre chère Éducation nationale, pas de formation envisageable pendant vos heures de travail, à l'exception du bilan de compétence et de la VAE.

Trois possibilités principales se présentent alors à vous :

- demander un congé de formation professionnelle, très intéressant car rémunéré, mais nécessitant souvent trois demandes successives pour être octroyé ;
- demander une disponibilité pour convenance personnelle, qui n'est pas de droit et durant laquelle vous n'êtes pas rémunéré(e) (ces deux options sont détaillées dans la fiche 4) ;
- ou encore... vous arranger pour vous former tout en exerçant votre activité professionnelle !

Petite remarque : dans ces trois cas, vous vous débrouillez pour financer vos frais de scolarité...

Sauter quelques étapes : la VAE

Deux procédures vous permettent de faire valider les connaissances et méthodes que vous avez acquises en dehors de votre cursus universitaire (pendant votre temps de travail, mais également à l'occasion d'activités extraprofessionnelles), pour obtenir des diplômes en zappant des matières.

- La *validation des acquis professionnels (VAP)* vous dispense du titre normalement requis pour vous inscrire dans une formation. Vous ne pouvez la demander que si vous avez interrompu vos études depuis au moins deux ans.

- La *validation des acquis de l'expérience (VAE)*, plus intéressante, permet d'obtenir tout ou partie d'un diplôme. Il faut au moins trois ans d'expérience professionnelle pour pouvoir demander à en bénéficier.

Le contenu du dossier à présenter ainsi que le déroulement de la procédure de VAE diffèrent selon les établissements (différentes universités, Cnam, écoles…) mais, en règle générale, il s'agit de réaliser un dossier écrit, puis de passer un oral devant un jury composé d'enseignants et de professionnels. Renseignez-vous sur le site de l'établissement où se prépare le diplôme que vous visez.

Le congé pour VAE mentionné plus haut vous permet de disposer d'un petit peu de temps pour mener à bien ces opérations.

Quel type de formation ?

S'y retrouver dans le maquis des formations devient extrêmement difficile, y compris pour un membre du système éducatif ! Le but, ici, est juste de vous donner quelques pistes de réflexion et de recherche.

- Nature de la formation et/ou du diplôme : cherchez-vous juste à vous cultiver, ou votre objectif est-il d'obtenir un diplôme reconnu (permettant, par exemple, de passer des concours) ? Dans le second cas, focalisez-vous de préférence sur ce qui relève du système Licence-Master-Doctorat (LMD). À défaut, vérifiez bien que le diplôme visé est reconnu par l'État, et à quel niveau.

- Formation en présentiel ou à distance : vous n'habitez peut-être pas dans une ville où les possibilités de formations correspondent à vos souhaits. Heureusement, la formation à distance se développe, par correspondance, mais aussi par Internet :
  - http://www.formasup.education.fr ;
  - http://www.cned.fr ;
  - http://formation.cnam.fr ;
  - http://foad.refer.org ;
  - http://www.formasup.education.fr ;
  - http://telesup.univ-mrs.fr ;
  - sites des établissements délivrant le type de diplôme qui vous intéresse.

TEXTES FONDAMENTAUX
- Loi n° 83-634 du 13 juillet 83 modifiée par la loi du 2 février 2007.
- Décret n° 2007-1470 du 15 octobre 2007.
- Décret n° 85-906 du 23 août 1985.
- Loi n° 2002-73 du 17 janvier 2002.

N'hésitez pas à profiter des possibilités que vous offre le système mais, si cela ne vous convient pas, ne vous arrêtez pas là. Vous ne pouvez pas tout attendre de votre employeur pour satisfaire vos aspirations personnelles, surtout si le but, au final, est de changer d'administration, voire d'aller vers le secteur privé !

Partie 3

Changer radicalement ou diversifier ses activités ?

Intégrer le corps des agrégés

Par la porte... ou par la fenêtre

Pourquoi aspirer à être agrégé ? Envie de travailler moins tout en gagnant plus, d'avoir des classes plus intéressantes (à voir…), besoin de considération, challenge personnel… Les raisons sont variées et les motivations se cumulent souvent. Trois possibilités existent pour ceux qui sont dans la maison : concours externe (comme les petits bleus), concours interne ou liste d'aptitude. Suivez le guide.

LES AGRÉGATIONS EXTERNE ET INTERNE

Informations générales

Agrégations externe et interne : modalités pratiques

	Externe	Interne
Conditions d'inscription	Être titulaire d'une maîtrise ou d'un diplôme équivalent sanctionnant au moins quatre années d'études post-bac. Les titulaires des CAPES, CAPET, CAPEPS et CAPLP2 peuvent également être candidats, même s'ils n'ont pas bac + 4. Il n'y a pas de limite d'âge.	Mêmes conditions que pour l'externe, sauf qu'il faut en plus justifier de cinq années de services publics.
Épreuves	Des écrits d'admissibilité et des oraux d'admission, dont le nombre peut varier selon les disciplines, mais qui sont de l'ordre de six au total.	Écrits et oraux également, mais en nombre plus limité : souvent 4 épreuves au total. À noter que les épreuves sont communes avec celles du concours privé d'accès à l'échelle de rémunération de professeur agrégé (CAER-agrégation). Il s'agit cependant de deux concours distincts.

...∕...

	Externe	Interne
Statistiques	En 2006, 1440 postes ont été mis au concours. 16,70 % des présents ont été admis. L'âge moyen était de 25 ans.	En 2006, 760 postes ont été mis au concours. 6,31 % des présents ont été admis. L'âge moyen était de 35 ans.
Dates (en général)	Écrits : avril Oraux : juin	Écrits : fin janvier Oraux : avril

Concernant les modalités et dates d'inscription, ce sont les mêmes : généralement de mi-septembre à mi-octobre. Vous devez consulter la note de service annuelle, qui paraît généralement en juillet et vous donne, par ailleurs, de nombreuses autres informations, dont les sections ouvertes au concours (certaines disciplines « rares » ne sont pas représentées tous les ans). L'inscription se fait par Internet.

Externe/interne : quelle voie choisir ?

BON À SAVOIR

Si vous remplissez les conditions requises, rien ne vous empêche de vous inscrire aux deux sessions ! N'hésitez pas, car rien ne limite le nombre de tentatives (si ce n'est la lassitude…).

Quels sont les arguments en faveur de la préparation des concours externe ou interne ?

- Il est plus facile d'apprendre lorsque l'on est jeune. Présenter l'agrégation externe dans la foulée du précédent concours permet, par ailleurs, de bénéficier de connaissances théoriques acquises à l'occasion de la première préparation, sans parler des méthodes de travail et de traitement de certains types de sujets…

BON À SAVOIR

Les lauréats des CAPES, CAPET, CAPEPS et CAPLP2 externes peuvent obtenir un report de stage pour préparer l'agrégation externe. Le report, pour une année scolaire et non renouvelable, n'est pas de droit…

- Préparer un concours est beaucoup plus facile lorsque l'on n'a pas encore d'enfant.
- L'agrégation externe est plus prestigieuse que l'interne.
- L'agrégation externe est uniquement basée sur la théorie, alors que l'interne inclut, en outre, une dimension didactique qui vous permettra de valoriser votre expérience professionnelle. Cette dernière est, par ailleurs, moins corsée sur le plan théorique.
- L'agrégation interne est réputée plus facile que l'externe. Il ne faut pas se fier aux taux de réussite : tout dépend du niveau des candidats qui présentent le concours et de leur degré de préparation…
- Vous ressentez peut-être une grande lassitude vis-à-vis de la préparation des concours, surtout si vous avez dû les présenter plusieurs fois. Parfois, une pause s'impose !
- Préparer l'agrégation interne est une bonne façon de réactualiser ses connaissances, une saine oxygénation du cerveau, qui peut être parfois mis à mal par le niveau des élèves auxquels vous vous adressez au quotidien…

> **BON À SAVOIR**
>
> L'obtention de l'agrég' : un bouleversement dans votre vie ?
> Pas d'inquiétude à avoir : vous restez dans votre académie. Et si votre poste actuel est compatible avec l'agrégation que vous avez obtenue, vous y effectuez votre stage en situation.

Vers quels organismes de préparation se tourner ?

> **BON À SAVOIR**
>
> Si vous avez à votre actif trois ans de services effectifs, voilà le moment idéal pour solliciter un congé formation (▶ fiche 4).

Les organismes de préparation à l'agrégation

Agrégation externe	Agrégation interne
Le Cned. De bonnes préparations par correspondance, pour un prix modique.	
Certaines universités. Les IUFM ne préparent pas à l'agrégation externe.	Des formations sont très souvent proposées dans le PAF, avec, généralement, l'IUFM comme opérateur. Certaines universités proposent des formations qui ne relèvent pas du PAF.
Des organismes privés. Par exemple, le cours Sévigné (Paris) propose des préparations sur place ou par correspondance, aux agrégations de lettres classiques, lettres modernes, histoire et géographie. Le prix de cette formation est très élevé.	

Les cours ont lieu, très souvent, le mercredi et le samedi matin, pour permettre aux enseignants qui travaillent d'y assister.

BON À SAVOIR

Il est possible de postuler dans les ENS, pour suivre la préparation à l'agrégation externe en tant qu'auditeur libre. La sélection, sur dossier, est très sévère. Renseignez-vous sur le site de l'école correspondant à votre discipline.

Comment se préparer au concours ?

Quelle que soit l'agrégation préparée, le travail s'effectue sur une année scolaire au moins, à un rythme plutôt soutenu.

Pour réussir, vous devez :

- connaître le programme : tous les programmes sont consultables dans le Guide des concours proposé dans SIAC, sur le site du MEN ;

- éviter l'isolement : préparer un concours seul peut être très difficile, notamment sur le plan moral. Si vous avez décidé d'opter pour une préparation par le Cned, essayez de trouver, dans votre ville, un collègue qui prépare le même concours. Sans parler de travailler réellement en binôme, échanger un minimum ne peut que vous être profitable ;

- lutter contre la « noyade » : la surabondance de documentation nuit à la clarté des connaissances acquises. Votre mémoire n'est pas illimitée. Il vaut mieux avoir une bonne connaissance globale du programme, que d'être très pointu(e) sur quelques thèmes et faire des impasses sur le reste ;

- savoir ce qu'il faut faire/ne pas faire : la lecture des rapports de jury des années passées est une activité incontournable. Vous devez avoir parfaitement intégré les exigences du jury ;
- observer des candidats : les oraux de l'agrégation externe sont publics. Vous devez solliciter l'autorisation du candidat et celle du jury, à l'entrée de la salle. À faire lors de la session qui précède celle où vous comptez vous présenter.

> **BON À SAVOIR**
>
> Si vous avez été deux fois admissible à l'agrégation, n'oubliez pas de demander à bénéficier du « statut » de bi-admissible (conditions et modalités précisées dans la fiche 8).

LA LISTE D'APTITUDE

Le principe de la liste d'aptitude ? Pas de concours à passer !

Intéressant, en effet… sauf que le prestige n'est pas le même (lorsque vous restez dans votre établissement et que tout le monde sait comment vous avez changé de corps) et que la subjectivité de ceux qui décident est un élément déterminant de votre passage.

Les conditions

Être titulaire du CAPES, CAPET, CAPEPS ou CAPLP2.

Être âgé de 40 ans au moins.

Justifier de dix années de services, dont cinq années dans son grade.

La demande

Contrairement à ce qui se passe pour l'accès à la hors-classe, les dossiers des promouvables ne sont pas automatiquement examinés. Il faut faire acte de candidature.

La candidature se fait via Internet (Système d'information et d'aide aux promotions – SIAP), généralement en janvier.

Le dossier doit comprendre un CV (deux pages maximum) réalisé selon un modèle annexé à la note de service annuelle qui paraît en décembre, et une lettre de motivation (dactylographiée, deux pages maximum), dont le contenu est précisé dans cette même note de service.

Le processus de décision

Les dossiers sont examinés par le recteur suivant des critères tels que l'évolution de la notation, le parcours professionnel (sa diversité…) et le parcours de carrière des candidats. Il peut recueillir l'avis des corps d'inspection. L'avis de la CAPA est requis.

Les propositions sont classées par discipline, puis par ordre préférentiel.

Elles sont transmises au ministre qui prend la décision finale, après avis de l'IGEN et de la CAPN.

Quelques statistiques

Les dernières statistiques proposées par le MEN sur son site datent de 2004. Les éléments clés étaient alors les suivants :

- 10 % environ des promouvables étaient candidats, et 2,5 % environ des candidats ont été promus (377 « postes ») ;
- les certifiés représentaient la grande majorité des promouvables, des candidats et des promus. 86 % des promus étaient certifiés HC.

TEXTES FONDAMENTAUX

- Décret n° 72-580 du 4 juillet 1972 modifié.
- Arrêté du 21 juillet 1993.
- Note de service annuelle relative au recrutement des personnels gérés par la direction générale des ressources humaines.
- Note de service annuelle relative à l'accès au corps des professeurs agrégés.

Et quand on est déjà agrégé, quelles sont les possibilités d'accéder à un autre corps d'enseignants ? Les enseignants de classes prépa peuvent espérer devenir profs de chaire supérieure (▶ fiche 13). Quant aux autres, ils peuvent viser l'enseignement supérieur, s'ils sont titulaires d'un doctorat (▶ fiche 20).

Partir outre-mer

Sous le sunlight des tropiques

Quand l'hiver s'attarde, que le moral n'est pas au beau fixe, vous vous prenez à rêver de plages de sable fin et de mer turquoise. Et si le rêve devenait réalité? Notre chère Éducation nationale vous donne la possibilité de demander votre affectation dans des collectivités ou départements d'outre-mer situés, à l'exception de Saint-Pierre-et-Miquelon, dans des contrées au climat plutôt tropical. Une opportunité, permettant de surcroît de retirer un bénéfice financier conséquent… Peut-être, mais gare aux déconvenues!

RÉFLEXION ET INFORMATIONS NÉCESSAIRES

Quelles peuvent être vos destinations?

- une collectivité d'outre-mer (COM) : Mayotte, Saint-Pierre-et-Miquelon, Nouvelle-Calédonie, Wallis-et-Futuna, Polynésie française ;
- un département d'outre-mer (DOM) : Guadeloupe, Martinique, Guyane et Réunion.

Se renseigner avant tout

Vous devez, avant toute autre démarche, vous procurer de nombreuses informations concernant le territoire visé.

Principaux points à examiner avant une expatriation

Le climat	Les températures, mais également l'hygrométrie, la pluviométrie, les saisons, l'existence ou non de périodes cycloniques…
La population	Données quantitatives, répartition sur le territoire, taille de la ville la plus importante, coutumes locales, qualité de l'accueil réservé aux métropolitains…
La faune	Qu'importent les bêtes à cornes, on s'intéressera plutôt aux serpents, araignées, scorpions, cafards et autres moustiques… Pour les moustiques, attention aux zones impaludées, qui imposent des contraintes non négligeables au quotidien !
Le système de santé	Affections soignées dans les hôpitaux locaux, nombre de médecins, de dentistes, et répartition de ces derniers sur le territoire… autant de bonnes raisons d'y regarder à deux fois lorsque l'on est de santé fragile, ou que l'on a des enfants en bas âge.
L'enseignement	Non pas celui que vous allez prodiguer (forcément hors pair…), mais celui que vont suivre vos enfants. Pourront-ils poursuivre des études secondaires à côté de chez vous (dans certains cas, l'internat sera un passage obligé)? Sans parler du problème de l'année scolaire décalée par rapport à celle existant en métropole, en Nouvelle-Calédonie et à Wallis-et-Futuna (fin février à décembre)…
Le coût de la vie	Un tel séjour est assez lucratif, comme nous le verrons. Il importe tout de même de se soucier du coût de la vie, et principalement de celui des logements, qui peut être, parfois, presque aussi élevé qu'en région parisienne…
Les transports	Accessibilité des différents sites, au sein et en dehors du territoire (notamment, liaisons avec la métropole et/ou avec les pays industrialisés les plus proches).

Renseignez-vous dans les guides touristiques, papiers ou sur Internet, mais aussi sur les sites des rectorats et vice-rectorats des départements ou collectivités qui vous intéressent. N'oubliez pas de partir en quête de témoignages de collègues ayant vécu l'expérience. Certains éléments, notamment la facilité du contact avec la population locale et la qualité de l'enseignement, ne peuvent être connus que par le biais du bouche-à-oreille.

Nous sommes partis à la Réunion pour la carrière de mon mari. Un certain mal du pays, pour moi et ma fille, s'est dissipé au fil des années. Certains ressentent, en plus, une impression d'enfermement et souffrent de l'éloignement de leur famille, de leurs amis, ou copains pour

les enfants. Pour l'enseignement, je n'ai rencontré aucune particularité, mais, néanmoins, où que l'on aille, on y va avec soi-même, et, accessoirement, ses problèmes... »

Colette, certifiée d'économie et gestion,
21 ans de carrière en lycée, à l'île de la Réunion.

ÊTRE CANDIDAT AU DÉPART

Les DOM et Mayotte

Les DOM sont, comme leur nom l'indique, des départements (presque) comme les autres : la demande de mutation se fait dans le cadre du mouvement national, avec le même barème. Les candidatures pour Mayotte se font également via SIAM.

Les COM

La procédure est indiquée dans les notes de service annuelles, traitant respectivement de chacune des collectivités (Nouvelle-Calédonie et Wallis-et-Futuna sont traitées ensemble). Elle diffère d'une collectivité à l'autre.

Il vous faut suivre le *BOEN* avec vigilance entre octobre et janvier (à partir d'avril pour la Nouvelle-Calédonie et Wallis-et-Futuna), car les NS ne paraissent pas toujours exactement à la même période d'une année sur l'autre.

> **BON À SAVOIR**
>
> Des postes à profil d'enseignants du second degré (chefs de travaux, enseignants en BTS), notamment en Nouvelle-Calédonie, ou encore des emplois de PRAG à l'IUFM du Pacifique, paraissent dans la rubrique « vacance de postes » du *BOEN*. Les modalités de candidature ne sont pas les mêmes que celles indiquées ci-dessous. Si vous voulez vraiment partir, ne négligez aucune piste…

Quelques éléments constants de la procédure :

- vous devez formuler votre demande et vos vœux via Internet (Système d'information et d'aide pour l'affectation des personnels enseignants dans les collectivités d'outre-mer – SIAT) ;

- après avoir édité votre dossier, vous le transmettez, accompagné des pièces justificatives, à votre chef d'établissement qui porte son avis, motivé, sur votre candidature et se charge de son acheminement, via la voie hiérarchique, vers son destinataire final ;

- en règle générale, un classement est établi en fonction du barème. Cependant, certaines candidatures sont privilégiées et il peut être dérogé à ce classement, qui n'est qu'indicatif. En Polynésie, le choix des personnes mises à disposition de la collectivité est à la discrétion du ministre local de l'Éducation.

> **BON À SAVOIR**
>
> Dès que vous connaîtrez votre affectation, vous aurez de nombreuses démarches à accomplir, variables selon votre destination (renseignez-vous auprès du rectorat ou du vice-rectorat local). Pêle-mêle : vaccins, certificats médicaux, demande de prise en charge (partielle) de vos frais de déménagement et de transport, demande d'avance sur votre traitement… sans oublier la recherche d'un logement et l'inscription des enfants dans un établissement d'enseignement ! L'idéal est de connaître quelqu'un sur place, qui soit susceptible de vous conseiller et de vous héberger en attendant que vous receviez vos meubles.

LES AVANTAGES FINANCIERS

Un séjour outre-mer est assorti d'avantages financiers non négligeables, variables selon les territoires (les textes où ils figurent sont très nombreux, et ne peuvent, de ce fait, figurer dans cette fiche). Voici les plus importants :

- traitement majoré (x 1.4 à 1.5 pour les DOM, x 1.7 à 2 pour les COM) ;
- indemnité de sujétion et d'installation (Guyane, Saint-Martin et Saint-Barthélémy en Guadeloupe, Saint-Pierre-et-Miquelon) ou indemnité d'éloignement, dans les COM non citées, représentant entre 10 et 23 mois de traitement ;
- bonification pour la retraite : + 1/3 des services accomplis (+1/2 pour Mayotte et Wallis-et-Futuna).

Et il en existe d'autres (sans parler des avantages fiscaux)…

RESTER… OU RENTRER

Durée du séjour

Vous pouvez rester dans un DOM aussi longtemps qu'il vous plaira. Ce n'est, en revanche, pas le cas dans les COM, où la durée du séjour est de deux ans, renouvelable une fois. Vous devez alors passer une période de deux ans hors des territoires de ce type, pour pouvoir demander à y repartir. Rien ne vous empêche, cependant, de convoiter un département d'outre-mer…

Retour au pays

De retour de votre séjour de deux ou quatre ans en COM, vous retrouvez, si vous le souhaitez, votre académie d'origine. Pour les DOM, aucune priorité : dans le bal du mouvement, vous êtes logé(e) à la même enseigne que les autres…

> **BON À SAVOIR**
>
> Si certains aspirants au grand départ sont ravis de retrouver la France métropolitaine, d'autres prennent le virus des tropiques. Un point à prendre en considération cependant : vos frais de changement de résidence ne sont pris en charge (partiellement) que si vous êtes resté(e) pendant deux à quatre ans en France métropolitaine (variable selon les destinations).

TEXTES FONDAMENTAUX

- Notes de service annuelles relatives aux affectations dans les différentes COM.
- Note de service annuelle relative au mouvement à gestion déconcentrée.

Vous avez bien pesé le pour et le contre ? Vous êtes prêt(e) à boucler vos valises ?

Bienvenue dans le microcosme des Français d'outre-mer !

Enseigner à l'étranger

London ou Tombouctou ?

Besoin d'«ailleurs» pour vous ouvrir à d'autres cultures, nécessité de suivre votre conjoint… : nombreuses sont les raisons qui peuvent vous inciter à envisager un départ à l'étranger. Si vous êtes dans le premier cas, une sérieuse réflexion préalable est nécessaire (▶ fiche 16), et les renseignements que vous trouverez sur le site de la Maison des Français à l'étranger[1] pourront vous aider à la mener. Une fois que vous serez certain(e) de vouloir tenter l'aventure, vous pourrez envisager plusieurs possibilités, tout en gardant cependant à l'esprit que les places sont chères…

ENSEIGNER DANS UN ÉTABLISSEMENT DE L'AEFE

Qu'est ce que l'AEFE ?

L'Agence pour l'enseignement français à l'étranger est un établissement public, sous la tutelle du ministère des Affaires étrangères, qui assure le suivi et l'animation d'un réseau de 253 établissements à programme français dans environ 135 pays différents.

Les personnels exerçant leurs fonctions dans les établissements précités peuvent être recrutés sous trois statuts différents.

Les expatriés

Titulaire du ministère de l'Éducation nationale depuis au moins trois ans, vous pouvez postuler selon les modalités figurant dans la note de service

---

1. http://www.mfe.org.

annuelle, paraissant généralement au *BOEN* au mois de septembre. Votre demande sera examinée en fonction d'un barème prenant en considération vos notes pédagogique et administrative ainsi que votre échelon.

Une liste de postes vous est proposée, mais vous avez intérêt à formuler des vœux plus larges, car des postes peuvent se libérer ultérieurement. Vous devrez, par ailleurs, constituer un dossier incluant notamment votre CV et une lettre de motivation.

Si vous obtenez satisfaction, vous devrez demander votre détachement (▶ fiche 4) auprès de l'AEFE. La durée du contrat est de trois ans renouvelable une fois.

La rémunération est constituée de votre traitement (bloqué, à partir du début de votre contrat…) complété par une indemnité mensuelle d'expatriation – dont le montant dépend à la fois du pays et de votre indice – et une majoration familiale, le cas échéant.

> **BON À SAVOIR**
>
> Vos déménagements ainsi que vos frais de voyages (tous les deux à trois ans, selon les zones), sont pris en charge.

Les résidents

Quelles sont les différences avec le statut précédent?

Le recrutement est local. Une liste de postes est proposée sur le site de l'AEFE[1] à partir de la mi-janvier. Les demandes se font directement auprès des établissements que vous visez. Pour postuler, vous devez être titulaire du MEN depuis au moins trois ans et être résident(e) dans le pays depuis au moins trois mois, ou suivre votre conjoint qui y exerce ou y réside. Il y a de «vrais» résidents et de «faux» résidents, qui pour remplir les conditions, demandent, dans un premier temps, une disponibilité, pour remplir la condition de résidence…

Le statut de résident est moins avantageux que celui d'expatrié: une indemnité spécifique liée aux conditions de vie locales, beaucoup moins élevée, se substitue à celle d'expatriation et les frais de changement de résidence ne sont pas pris en charge.

La position administrative des résidents est également celle du détachement.

---

1. http://www.aefe.diplomatie.fr.

Les recrutés locaux

Ils signent avec l'établissement, qui deviendra leur employeur, un contrat local soumis au droit local. Les obligations de service et la rémunération sont donc très variables selon les cas. Les recrutés locaux doivent être en disponibilité.

Ce n'est pas vraiment un bon plan, sauf si vous n'avez pas le choix…

> **BON À SAVOIR**
>
> Faut-il parler la langue du pays pour obtenir un poste à l'étranger ?
> En principe, ce n'est pas une obligation, sauf lorsque le profil du poste en fait mention. Dans ce cas, vous pourrez vous voir soumis(e) à un test de langue. En réalité, la maîtrise de la langue est toujours un atout qui sera pris en considération lors de votre recrutement.

LES AUTRES POSSIBILITÉS

Les principales pistes

Postes d'enseignant à l'étranger

Nature des postes	Où se renseigner ?	Position administrative	Rémunération
Postes à la Mission laïque française	- note de service (NS) annuelle paraissant au *BOEN* en septembre ; - site Web de la Mission laïque : http://www. mlfmonde.org.	Détaché.	Variable selon les cas… Le plus grand flou règne sur le sujet.
Postes en Andorre	NS annuelle paraissant au *BOEN* en septembre/ octobre.	Affecté (et non détaché).	Traitement + indemnité de sujétion spéciale égale à 40 % du traitement brut.
Postes en écoles européennes	- NS annuelle paraissant au *BOEN* en mars/ avril, - site Web des écoles européennes (http:// www.eursc.eu).	Rattaché à l'académie de Strasbourg + mis à disposition d'une École européenne.	Traitement + indemnité complémentaire « européenne » + indemnité de résidence + indemnité spéciale versée en 2 fois : au départ, puis au retour.

Mais aussi…

- Postes d'enseignants proposés sur le site du MEN, dans le cadre des postes et missions à l'étranger (hors AEFE), ouverts aux personnels du MEN et du ministère de l'Enseignement supérieur et de la recherche (voir les avis paraissant régulièrement au *BOEN*).
- Postes dans des établissements du ministère de la Défense en Allemagne (NS du *BOEN*, paraissant en décembre + http://www.seffecsa.net).
- Postes au sein de l'Alliance française (NS du *BOEN*, généralement en septembre + http://www.alliancefr.org).
- Postes dans des établissements locaux ou des ONG (renseignements à prendre directement auprès d'eux).

BON À SAVOIR

Survolez régulièrement le BOEN, car certaines opportunités d'enseigner à l'étranger figurent parfois au sein de la rubrique « vacance de postes », voire, plus rarement, dans la rubrique « personnel ».
Deux exemples concrets de postes entrant dans cette catégorie, vus au cours des derniers mois :
- assistants (chargés de TD) pour les collèges universitaires français de Moscou et de Saint-Pétersbourg ;
- lecteur d'échange en Italie (service d'enseignement et tâches pédagogiques et administratives à l'université).

TEXTES FONDAMENTAUX
- Décret n° 67-290 du 28 mars 1967.
- Décret n° 90-469 du 31 mai 1990.
- Décret n° 2002-22 du 4 janvier 2002.
- Les différentes notes de service annuelles mentionnées dans la fiche.

Si vous souhaitez vraiment partir, quitte à avoir des fonctions autres qu'enseignantes, sachez que l'AEFE propose également des postes de "faisant fonction" de chef d'établissement ainsi que des postes administratifs, et que le MEN publie des postes et missions ouverts aux personnels du MEN et du MESR (▶ fiche 25).

Être affecté
dans l'enseignement supérieur

Le printemps des PRAG

Les termes de PRAG et PRCE désignent respectivement des enseignants agrégés et certifiés affectés dans un établissement d'enseignement supérieur. En pratique, c'est sous le vocable générique de PRAG que les personnes concernées sont désignées. Si ces enseignants ont le même statut que ceux qui restent dans le second degré, il existe quelques variantes qui font, globalement, le charme de la situation…

LES POSTES D'ENSEIGNANTS AFFECTÉS DANS LE SUPÉRIEUR

Pour qui ?

Ces postes sont accessibles aux professeurs suivants, titulaires ou stagiaires, en activité, disponibilité, détachement ou congés divers : agrégés, certifiés, PLP, PEPS. En pratique, les PLP n'ont que très peu de chances de les obtenir…

Dans quels établissements ?

La plupart des postes sont proposés par les universités (et notamment les IUT et IUFM), mais on en trouve également au sein d'autres établissements d'enseignement supérieur tels qu'École Supérieure d'Arts et Métiers (ENSAM), ENS, Instituts d'études politiques (IEP)…

Où en trouver la liste ?

La liste des postes vacants – ou susceptibles de l'être – paraît chaque année au *BOEN*, dans le courant du mois de novembre. Elle est organisée par disciplines concernées. Il importe de se tenir au courant régulièrement pour ne pas laisser passer l'information, car les délais d'action sont réduits.

Le degré de précision du descriptif des emplois proposés est très variable, mais on n'y voit jamais apparaître le corps auquel doivent appartenir les candidats : les candidatures sont ouvertes à tous ceux qui remplissent les conditions mentionnées ci-dessus.

Le nom de l'organisme qui recrute figure systématiquement dans ces descriptifs (sans quoi il serait difficile de proposer sa candidature…), mais, parfois, l'information s'arrête là ! Dans certains cas, on a une liste succincte des missions qui seront attribuées à la personne retenue, ou des éléments du profil recherché…

DEVENIR PRAG OU PRCE

Si vous êtes intéressé(e), il est, une fois de plus, vivement conseillé de contacter l'établissement où est proposé le poste (▶ fiche 3).

La marche à suivre

La procédure à respecter pour postuler figure dans le *BOEN* évoqué ci-dessus. En résumé :

- il faut constituer un dossier comprenant des documents administratifs ainsi qu'un CV et une lettre de motivation (▶ fiches 5 et 6) ;
- le tout doit être adressé à l'établissement recruteur dans un délai généralement inférieur à un mois ;
- l'établissement envoie alors au candidat un accusé de réception.

L'établissement peut recueillir tous les avis utiles pour classer les candidats.

En pratique, la démarche de choix consiste très souvent à effectuer un premier tri des dossiers, voire même une ébauche de classement de ces derniers, au niveau des futurs responsables hiérarchique direct et collègues des candidats. Une commission (composée notamment d'enseignants de la discipline) est ensuite réunie pour se prononcer, après audition des candidats. L'établissement procède au choix définitif, en respectant, en règle générale, le classement proposé par la commission. Le candidat retenu est alors informé et doit donner sa réponse sous huit jours.

Non à l'autocensure !

Si votre profil a un rapport avec celui du poste que vous visez, ne vous autocensurez surtout pas : même s'il y a peu d'élus, tentez votre chance !

Certains PRAG sont recrutés par l'établissement dans lequel ils étaient, auparavant, vacataires, mais on peut aussi décrocher le pompon juste après son stage. La concurrence est tellement rude qu'il est préférable de multiplier les candidatures pour avoir une chance d'atteindre son but.

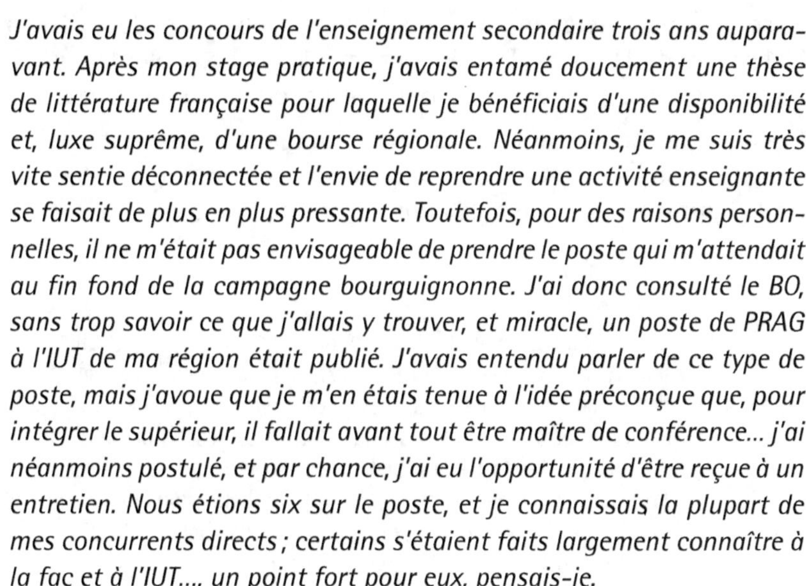

J'avais eu les concours de l'enseignement secondaire trois ans auparavant. Après mon stage pratique, j'avais entamé doucement une thèse de littérature française pour laquelle je bénéficiais d'une disponibilité et, luxe suprême, d'une bourse régionale. Néanmoins, je me suis très vite sentie déconnectée et l'envie de reprendre une activité enseignante se faisait de plus en plus pressante. Toutefois, pour des raisons personnelles, il ne m'était pas envisageable de prendre le poste qui m'attendait au fin fond de la campagne bourguignonne. J'ai donc consulté le BO, sans trop savoir ce que j'allais y trouver, et miracle, un poste de PRAG à l'IUT de ma région était publié. J'avais entendu parler de ce type de poste, mais j'avoue que je m'en étais tenue à l'idée préconçue que, pour intégrer le supérieur, il fallait avant tout être maître de conférence... j'ai néanmoins postulé, et par chance, j'ai eu l'opportunité d'être reçue à un entretien. Nous étions six sur le poste, et je connaissais la plupart de mes concurrents directs ; certains s'étaient faits largement connaître à la fac et à l'IUT..., un point fort pour eux, pensais-je.
L'entretien, à mon sens, s'est plutôt bien passé. Il faut dire que j'avais pris soin de le préparer – comme tout entretien d'embauche ! Mes arguments et ma motivation étaient bel et bien au rendez-vous, et pas question de se laisser influencer par des discours négatifs et faux qui consistent à nous faire croire que pour y arriver, il faut des appuis ! J'ai fait mon maximum sur tous les plans : sourire, expression, tenue vestimentaire... et j'ai attendu quelques semaines. Quand j'ai reçu un coup de fil du chef de département me disant que ma candidature avait été

retenue, j'ai sauté de joie ! Si le poste m'éloignait un peu de l'univers lit-téraire, il allait être pour moi l'occasion de me renouveler constamment, de travailler en équipe et d'avoir en face de moi un public demandeur de pragmatisme. Le tout, dans une grande liberté ! »

Cécile, agrégée de lettres modernes,
PRAG de Communication/Expression dans un IUT.

LA CARRIÈRE DES ENSEIGNANTS AFFECTÉS DANS LE SUPÉRIEUR

Service d'enseignement

Le service des enseignants du second degré affectés dans le supérieur est de 384 heures de TD ou de TP (les cours magistraux comptent pour 1,5 heure) par an. Les enseignants d'EPS connaissent certaines spécificités.

Les périodes travaillées et la charge hebdomadaire peuvent être très variables sur l'année. En théorie, un PRAG ne doit cependant pas travailler plus de 15 heures par semaine (18 heures pour un PRCE).

> **BON À SAVOIR**
>
> Si vous aimez vos emplois du temps fixes sur l'année, oubliez ce type de job ! Avec la semestrialisation, l'existence de modules de courte durée, le départ des étudiants en stage…, votre volume horaire hebdomadaire va faire des bonds ! Et les maxima évoqués ci-dessus ne sont, en pratique, presque jamais respectés, tout bêtement parce que c'est impossible…
> L'amplitude des heures de cours est, par ailleurs, plus importante dans les établissements du supérieur que dans ceux du second degré. Ne soyez pas surpris(e) d'avoir des TD jusqu'à 19 heures, voire au-delà…
> Enfin, dans la catégorie des mauvaises nouvelles, les jours fériés ne sont que des jours… où il n'y a pas cours. Vous effectuez vos heures à un autre moment !

Il existe des possibilités de décharge ou d'aménagement de service, par exemple pour des travaux de recherche sur une thèse (▶ fiche 20). À l'inverse, les opportunités de réaliser des heures supplémentaires sont souvent importantes. Ici, pas de HSA : les heures sup' sont celles qui sont effectuées au-delà des 384 heures annuelles. Elles sont donc forcément réalisées en fin d'année, moment où vous ne devez en aucun cas tomber malade, sous peine de les perdre. Leur rémunération varie selon qu'il s'agit de cours magistraux, TD ou TP.

1 heure de cours ⇔ 1,5 HTD ⇔ 2,25 heures de TP.

> **BON À SAVOIR**
>
> Les agrégés préparateurs ou répétiteurs dans les Écoles normales supérieures ont un statut un peu particulier. La durée de leur service d'enseignement varie entre 192 et 384 heures, en fonction des autres missions qui peuvent leur être confiées. Il s'agit essentiellement de travaux de recherche. Notons également que leur situation n'est que temporaire : ils sont recrutés pour trois ans, reconductibles deux fois.

Charges administratives

Dans les 384 heures évoquées plus haut, ne sont pas comprises les nombreuses réunions pédagogiques et autres, ainsi que certaines tâches administratives qui incombent souvent aux enseignants dans le supérieur. Seules les fonctions de chef de département et de directeur des études peuvent, en théorie, donner lieu à l'octroi d'une prime. En pratique, de nombreux établissements rémunèrent les travaux annexes…

Et la rémunération ? Et l'avancement ?

La rémunération ne change pas par rapport à celle d'un enseignant exerçant dans le second degré. Vous bénéficiez d'une prime de recherche et d'enseignement supérieur qui est l'équivalent de l'ISOE.

Les modalités de notation et d'avancement diffèrent toutefois. Les enseignants affectés dans le supérieur ne connaissent pas, en effet, de distinction entre note pédagogique et note administrative : une note globale, sur 100 points, leur est attribuée par leur supérieur hiérarchique direct, dans le respect de grilles que vous trouverez en annexe. La note définitive est arrêtée par le recteur pour les PRCE, par le ministre pour les PRAG.

Évolution de carrière

Les PRAG et PRCE peuvent s'investir dans la recherche, s'ils sont titulaires d'un doctorat ou qu'ils en préparent un, notamment en vue d'obtenir leur qualification pour pouvoir postuler sur des postes de maître de conférences (▶ fiche 20).

Ils peuvent également s'impliquer davantage dans des missions de nature administrative, en étant candidats à certaines fonctions dans l'établissement où ils exercent (par exemple chef de département, voire directeur d'IUT, pour ceux qui sont affectés dans ce type de structure).

Quelques avantages (non négligeables) de l'affectation dans le supérieur

- Choix de la localisation géographique et de la nature des établissements dans lesquels on postule, permettant de s'affranchir des contraintes du grand méchant mouvement;
- nature du public, généralement plus mûr (et plus calme) que dans le second degré;
- en règle générale, intérêt supérieur du contenu des enseignements;
- et, par-dessus tout, la liberté avec un grand L: liberté dans le traitement du programme (qui est souvent exprimé de façon assez succincte) et liberté dans le choix de ses méthodes pédagogiques, car PRAG et PRCE ne sont pas inspectés!

TEXTES FONDAMENTAUX

- Décret n° 93-461 du 25 mars 1993 (dit décret « Lang »).
- Décret n° 2000-552 du 16 juin 2000.
- Note de service annuelle relative aux emplois et procédure d'affectation des enseignants du second degré dans des établissements d'enseignement supérieur.

En fait, si les PRAG et PRCE ont globalement un avancement moins rapide que leurs collègues exerçant dans le second degré, du fait des modalités particulières qui leur sont appliquées en la matière, leur situation est globalement intéressante. D'où le nombre important de candidats...

Enseigner dans des établissements « différents »

Elle voit des profs partout...

Échapper à l'implacable mouvement, s'adresser à de nouveaux publics, changer d'environnement : diverses motivations peuvent pousser les enseignants à sortir du cadre du collège ou du lycée. On a déjà évoqué la possibilité de s'orienter vers l'enseignement supérieur, mais il existe d'autres pistes à explorer. La position administrative de celui qui s'y engage est généralement le détachement et plus rarement, la mise à disposition (▶ fiche 4).

LES POSSIBILITÉS « CLASSIQUES »

Certaines institutions recrutent, de façon relativement régulière, des enseignants titulaires du MEN, pour exercer dans leurs établissements. Des vacances de postes paraissent au *BOEN*. Cependant, si vous êtes intéressé(e) par un établissement en particulier, n'hésitez pas à le joindre directement pour prendre des renseignements.

Le ministère de la Défense

Il a sous sa responsabilité six établissements militaires du second degré, situés respectivement à Brest, La Flèche (Sarthe), Saint-Cyr (Yvelines), Autun (Saône-et-Loire), Montbonnot-Saint-Martin (Isère) et Aix-en-Provence. Certains de ces lycées disposent de CPGE. Les programmes suivis sont ceux de l'Éducation nationale et des enseignants détachés de ce ministère sont régulièrement recrutés pour y enseigner. L'ambiance diffère cependant de celle de l'EN…

À noter, également, des postes proposés dans des établissements d'enseignement supérieur relevant du ministère de la Défense. Pour plus de renseignements sur ces établissements : http://www.defense.gouv.fr (dans l'espace jeune, à la rubrique formation…).

La Grande chancellerie de la Légion d'honneur

Dépendent de cet organisme deux maisons d'éducation pour jeunes filles, l'une située à Saint-Germain-en-Laye (Yvelines), qui accueille des élèves de la sixième à la troisième, l'autre située à Saint-Denis (Seine-Saint-Denis), qui comprend, outre les classes de la seconde à la terminale, des classes post-bac (hypokhâgne, khâgne et STS Commerce International).

Le style de ces établissements est assez… particulier. Si votre désir est de changer d'environnement, vous pouvez difficilement trouver des structures qui soient plus aux antipodes des lycées de l'Éducation nationale.

Pour plus de précisions sur ces maisons d'éducation : http://www.melh.fr.

Le ministère de l'Agriculture

Il a son propre réseau d'éducation, avec ses programmes, ses diplômes et ses établissements. Ce réseau comprend des établissements d'enseignement supérieur (écoles d'ingénieurs, écoles vétérinaires…), mais également de nombreux établissements du second degré répartis sur l'ensemble du territoire, parmi lesquels 218 lycées agricoles. Particularités de ces derniers : il s'agit, en règle générale, de petites structures, rarement situées au cœur des villes…

Le ministère de l'Agriculture recrute ses propres enseignants, notamment par le biais de concours de l'enseignement agricole : le CAPESA, le CAPETA, le CAPLPA (ces noms vous rappellent quelque chose ? Le A signifie agricole…), mais il peut aussi faire appel à des enseignants de l'Éducation nationale. Le nombre de postes proposé varie fortement d'une année à l'autre. Une longue liste de postes est parue au *BOEN* en décembre 2007.

Pour tout renseignement sur le réseau éducatif agricole : http://www.educagri.fr.

LES AUTRES ORGANISMES QUI RECRUTENT DES ENSEIGNANTS VENANT DE L'ÉDUCATION NATIONALE

Il existe des organismes qui recrutent, très ponctuellement, des enseignants pour enseigner en France, mais la plupart des postes qui paraissent au *BOEN* sont soit des postes d'enseignants à l'étranger ou dans des collectivités d'outre-mer, soit des postes qui ne comprennent pas de missions d'enseignement (▶ fiches 16, 17 et 24).

Ainsi, peut-être avez-vous été surpris(e) de ne pas voir figurer le Cned dans la liste ? En fait, cette structure propose énormément de postes aux enseignants par le biais du *BOEN*, mais il ne s'agit pas de fonctions d'enseignement. Les concepteurs de sujets et correcteurs du Cned sont, quant à eux, soit des vacataires qui arrondissent leurs fins de mois (▶ fiche 10), soit des enseignants nommés à ces postes pour des raisons de santé, dans le cadre d'un dispositif de réadaptation.

Exemples de postes d'enseignants vus au *BO* :

- professeur certifié d'arabe à l'Institut du monde arabe ;
- enseignants dans les écoles de reconversion professionnelle de l'Office national des anciens combattants ;
- professeur de français, certifié de lettres modernes, au lycée italien Léonardo da Vinci de Paris.

BON À SAVOIR

Le guide d'I-Prof mentionne, entre autres, la possibilité d'enseigner dans les instituts de jeunes sourds et de jeunes aveugles. S'il est vrai que de tels postes paraissent au *BOEN*, poser sa candidature nécessite d'avoir des qualifications particulières. Il faut être titulaire du certificat complémentaire pour l'adaptation scolaire et la scolarisation des élèves handicapés (2CA-SH) – second degré. Vous pouvez présenter cet examen en candidat libre ou après un stage de préparation (▶ fiche 14).

Si vous êtes tenté(e) par les possibilités évoquées au-dessus, il va vous falloir être vigilant(e) pour scruter les *BO*. Par ailleurs, la manne (toute relative), connaît de fortes fluctuations selon les années…

S'éclater dans la recherche

Alors je cherche et je trouverai...

Faire une thèse, si vous n'êtes pas déjà docteur, puis mener des activités de recherche au long cours : voilà de quoi remplir pleinement la vie intellectuelle d'un enseignant du second degré prêt à mettre ses méninges à rude épreuve… Cependant, le but est rarement que cette situation perdure. L'objectif de ceux qui choisissent cette voie est, très souvent, d'intégrer le supérieur pour y être enseignants-chercheurs. Et ça n'est pas gagné, car peu nombreux sont ceux qui bénéficient de facilités pour mener à bien leurs projets…

LA RECHERCHE : QUEL OBJECTIF PROFESSIONNEL ?

Se faire plaisir

Cela peut être un objectif nécessaire et suffisant. Et il vaut mieux partir du principe que c'est le vôtre, même si vous avez derrière la tête l'idée de continuer dans cette voie. En effet, en matière de déroulement serein d'une carrière, il n'y a rien de pire que d'être aigri…

> **BON À SAVOIR**
>
> Il est possible, pour un enseignant du second degré, d'être associé à une équipe de recherche, en tant que membre non permanent. Il est alors chercheur associé, tout en continuant à exercer son métier principal dans son établissement. Il n'est pas rémunéré, mais bénéficie des crédits de recherche de l'équipe.

Devenir enseignant-chercheur

Au sein des universités et autres établissements publics d'enseignement supérieur, les enseignants-chercheurs ont pour double mission d'enseigner… et de faire de la recherche (avec ce qui s'y rattache : publications, participations à des colloques…)! Il existe deux corps d'enseignants-chercheurs: les maîtres de conférences et les professeurs des universités. Même si la première appellation est plus grandiloquente que la seconde, elle désigne le corps de « début », celui qui nous intéresse ici.

Obligations de service et grille indiciaire d'un maître de conférences

Le service d'enseignement des maîtres de conf' (dans le jargon universitaire) est de 192 heures annuelles équivalent TD (1 h de cours ⇔ 1,5 h de TD ⇔ 2,25 h de TP). En pratique, ces derniers sont souvent amenés à partager une bonne partie de leur service entre TD et TP: ce sont les profs qui assurent souvent les heures de cours magistraux.

Vous bavez déjà devant ces horaires qui vous paraissent merveilleux! N'oubliez pas que le temps qui est dégagé de la sorte est censé être consacré à la recherche, sans parler des tâches administratives annexes…

Le corps comporte deux grades: une classe normale qui comprend 9 échelons (IB 530 à 1 015) et une hors classe qui en comprend 6 (IB 801 à A3).

Pour intégrer ce corps…

En résumé, et en règle générale: pour devenir maître de conférence, il faut être titulaire d'un doctorat, puis obtenir l'inscription sur une liste de qualification aux fonctions de maître de conférences (décision prise, au niveau national, par la section compétente du Conseil national des universités), puis passer les concours de recrutement ouverts par les établissements proposant des postes (examen du dossier suivi, pour les derniers en lice, d'une audition devant une commission).

Une forme de parcours du combattant qui laisse pas mal de monde sur le carreau…

BON À SAVOIR

L'accès au corps des maîtres de conférences peut également se faire, pour les agrégés uniquement, par la voie du détachement, à condition d'être titulaire d'un doctorat. Cette procédure est cependant très marginale et ne concerne guère plus d'une dizaine de postes par an au niveau national.

Les possibilités d'évolution

Après cinq années de services, un maître de conf' peut passer une habilitation à diriger des recherches (HDR). Il peut alors demander la qualification aux fonctions de professeur des universités, puis passer un concours de recrutement pour obtenir un poste.

À noter que dans les disciplines juridiques, politiques ou de gestion, la procédure est différente. Il existe une agrégation du supérieur, qui est la voie normale d'accès au corps des professeurs des universités.

Petite remarque : tous les maîtres de conf' ne deviennent pas profs, loin de là ! Pour avoir une chance d'accéder à ce corps, il faut se consacrer à sa recherche, ce qui n'est pas le cas de tous les universitaires…

> **BON À SAVOIR**
>
> Il n'y a pas que des enseignants-chercheurs : on trouve aussi des chercheurs à plein temps (chargés de recherche et directeurs de recherche), par exemple au Centre national de la recherche scientifique (CNRS) ou encore à l'Institut national de la recherche agronomique (INRA). Les concours de recrutement sont différents. Pour le domaine scientifique, vous pouvez vous renseigner sur le site http:///www.emploi-scientifique.info.

MENER DES ACTIVITÉS DE RECHERCHE EN ENSEIGNANT DANS LE SECOND DEGRÉ

Remise à niveau

Pour espérer intégrer le corps des enseignants chercheurs, il faut être titulaire d'un doctorat. Si on ne l'est pas ? Eh bien, il faut le devenir, en envisageant le cas échéant une petite reprise d'études universitaires.

Le master recherche

C'est l'antichambre du doctorat. Il se prépare en deux ans après la licence. Le master 2 (deuxième année) est le successeur du défunt diplôme d'études approfondies (DEA). Si vous vous êtes arrêté(e) à la licence, il va falloir démarrer dès le master 1, à moins que votre parcours ne vous donne une chance d'obtenir une VAE (▶ fiche 14). Si vous avez un bac + 4, vous pouvez poser directement votre candidature en master 2. Il importe de bien vous renseigner sur la voie qui vous intéresse et de rencontrer les enseignants de la formation pour expliquer votre parcours, votre démarche et votre projet de recherche. Les admissions en master 2 se font après sélection.

Le doctorat

Le doctorat se prépare, en théorie, en trois ans après le master 2. Il s'agit d'une période consacrée à la production d'une thèse, ponctuée çà et là de séminaires proposés par l'école doctorale. En pratique, il est possible d'obtenir des dérogations pour augmenter cette durée. D'une manière générale, les doctorants savent rester « dans les clous », excepté en lettres et sciences humaines où jouer les prolongations est un peu une habitude…

Dégager du temps pour faire une thèse est très difficile pour qui enseigne à plein temps ! Mais il ne faudrait pas que votre travail soit obsolète avant d'avoir été fini.

Pour mener à bien son doctorat et avoir une chance d'intégrer le supérieur, le sujet de la thèse importe beaucoup, mais un critère essentiel est le directeur de thèse : son rayonnement professionnel, les moyens de son laboratoire, sa disponibilité pour les doctorants qu'il encadre…

Sans obtention du doctorat avec mention très honorable et les félicitations du jury, les espoirs de devenir maître de conf' sont très minces.

> *A work of love : c'est ainsi que les anglophones dénomment un travail entrepris pour le plaisir, par pure passion. L'expression correspond parfaitement à l'état d'esprit qui était le mien lorsque j'ai entrepris de rédiger une thèse consacrée au maître du fantastique américain contemporain, Stephen King.*
>
> *C'était en 1993, je venais juste d'obtenir mon CAPES, et j'ai donc été nommé dans un établissement du secondaire. Tout mon travail de recherche et de rédaction s'est par conséquent fait en parallèle de la préparation de cours, correction de copies et autres obligations administratives. J'y consacrais tout mon temps libre, le week-end et pendant les vacances, ce qui m'a permis de soutenir ma thèse en 1998. À aucun moment le choix de préparer cette thèse n'a été guidé par une stratégie de carrière, c'est-à-dire avec l'ambition de devenir enseignant du supérieur. Ce "travail" était destiné à me faire plaisir, à parfaire ma connaissance de mon auteur favori, à essayer de comprendre son incroyable succès et pourquoi son œuvre avait (et a toujours) autant d'impact sur ses lecteurs. Avec le recul, j'aurais peut-être dû me montrer plus carriériste...*

> *L'éloignement de mon directeur de thèse, la non-intégration à une équipe de recherche, mon impossibilité à participer à des colloques et à y soumettre des articles m'ont par la suite durement pénalisé. J'ai certes soutenu ma thèse et obtenu une mention très honorable, mais mes demandes d'inscription dans le corps des maîtres de conférence ont par la suite toutes été rejetées, arguant d'un dossier scientifique insuffisant.*
> *Je suis aujourd'hui PRCE en IUT et pleinement comblé par le travail que j'y effectue, la diversité des tâches et les responsabilités qu'il m'est possible d'assumer... mais qui malheureusement me laissent trop peu de temps pour à nouveau consacrer mon énergie à la recherche. Morale de l'histoire : quiconque désire devenir enseignant du supérieur doit privilégier la recherche s'il souhaite pouvoir intégrer un jour le corps des maîtres de conférence. Quitte à parfois oublier son côté purement jubilatoire...»*

Laurent, certifié d'anglais, PRCE dans un IUT.

Le report de stage pour études doctorales

Les petits nouveaux qui viennent d'obtenir l'agrégation externe peuvent demander un report de stage pour une année scolaire (renouvelable deux fois). C'est intéressant si vous bénéficiez d'un financement.

La préparation du master 2 peut correspondre à la première année du report. Les conditions de la demande figurent dans la note de service annuelle relative à l'affectation et aux modalités de stage des lauréats des concours du second degré.

Ce report peut vous être refusé.

Le congé professionnel

La préparation d'un master ou d'une thèse constitue un projet susceptible de vous valoir l'octroi d'un congé professionnel, pendant quelques mois, mais pas pendant toute votre reconversion… (▶ fiche 4).

Les aménagements de service pour les enseignants du second degré affectés dans le supérieur

Le top, parmi les facilités évoquées dans cette partie, mais seuls les PRAG et PRCE (▶ fiche 18) peuvent en bénéficier…

Préparation d'un doctorat

Cet aménagement de service conduit à effectuer entre 192 et 256 heures annuelles équivalent TD (à la place de 384). Sa durée ne peut excéder quatre ans et le renouvellement doit être demandé tous les ans.

Le contenu du dossier à constituer est variable selon les établissements, mais on y trouve généralement : un CV, un descriptif des travaux de recherche, des informations relatives à l'équipe de recherche, l'aménagement de service souhaité, l'avis du directeur de la composante où exerce l'enseignant, ainsi que l'avis du directeur de l'école doctorale.

La décision est prise par le chef d'établissement, dans la limite d'un contingent fixé au niveau ministériel, sur proposition du conseil scientifique. Cette décision fixe le nombre d'heures de service à effectuer et la répartition de ce dernier sur l'année.

Préparation à un concours d'enseignant-chercheur ou poursuite de travaux de recherche déjà engagés

Ceux qui n'ont pas bénéficié du dispositif décrit ci-dessus peuvent également demander un aménagement de service du même type, mais pour un an seulement.

> **BON À SAVOIR**
>
> Ces aménagements viennent en déduction de votre droit à congé de formation professionnelle, au prorata de la réduction accordée.
>
> **TEXTES FONDAMENTAUX**
> - Décret n° 84-731 du 6 juin 1984 modifié.
> - Décret n° 2000-552 du 16 juin 2000.

Toujours motivé(e) et passionné(e) ? C'est ce qui importe avant tout pour mener à bien des travaux de grande envergure et de longue haleine…

Écrire et se faire publier

C'est un beau roman, c'est une belle histoire...

Rares sont les activités lucratives que vous avez le droit d'exercer en parallèle de votre travail, sans demander d'autorisation à votre hiérarchie. Eh bien en voilà une pour laquelle vous n'avez besoin d'en référer à personne : écrire un livre ! Évidemment, la courtoisie la plus élémentaire consiste tout de même à mettre au courant votre chef d'établissement, avant qu'il ne découvre votre œuvre en rayon. Mais nous n'en sommes pas encore là...

LAISSER MÛRIR VOTRE PROJET...

Êtes-vous fait(e) pour cette activité ?

Pour écrire, il faut, avant tout, avoir quelque chose d'intéressant à faire partager, un bon style, et, enfin, *last but not least*, aimer ça ! En effet, comme cette occupation a lieu au-delà de votre temps de travail, vous allez devoir y passer des soirées, des week-ends et des vacances. Alors si vous n'y prenez aucun plaisir, oubliez ! Et ne nourrissez pas trop le fantasme de vivre de votre plume, vous risqueriez d'être sérieusement déçu(e).

Vous voulez relater votre expérience personnelle, vous avez une idée de roman ou d'essai ?

Vous n'êtes pas le (la) seul(e)... La croissance, année après année, du nombre d'ouvrages publiés à l'occasion de la rentrée littéraire a de quoi laisser rêveur. Et encore ne connaît-on pas le nombre de manuscrits qui n'ont pas trouvé preneur...

Essayez de faire preuve de lucidité vis-à-vis de votre projet : votre thème, ou au moins l'angle sous lequel vous l'abordez, présente-t-il une certaine originalité ? Votre style est-il agréable ? Pour juger de cela, vous pouvez rédiger un résumé de l'« histoire » ainsi que quelques chapitres, et soumettre le tout à des proches pour recueillir leur avis… Mais vos cobayes peuvent aussi se tromper… comme de nombreux éditeurs ayant refusé les manuscrits d'auteurs qui se sont imposés parmi les grands noms de la littérature…

Vous projetez d'écrire un manuel ?

Commencez par essayer de préciser votre projet.

Ensuite, un gros travail de recherche s'impose pour analyser l'existant, et voir si vous n'avez pas réinventé la roue !

BON À SAVOIR

Vous voulez collaborer à une revue, pour y écrire des articles ? Même principe que pour un livre : vous n'avez aucune autorisation à solliciter.

CHERCHER ET TROUVER UN ÉDITEUR

À qui vous adresser ?

Pour ne pas perdre votre temps, votre énergie et votre argent (les timbres ne sont pas gratuits), en pure perte, prenez le temps de bien cibler les éditeurs que vous allez contacter :

- votre projet entre-t-il dans leur champ d'action ? Inutile de proposer un manuel de management à un éditeur de littérature ;
- n'ont-ils pas déjà en catalogue des ouvrages similaires ?
- repérez-vous des collections précises dans lesquelles votre projet pourrait s'inscrire ?

Un conseil : procurez-vous des livres publiés par leurs soins, afin de voir si le ton que vous employez est compatible avec le style de la maison.

Internet vous sera d'un précieux secours pour mener cette recherche (sites des grandes librairies en ligne et sites des éditeurs).

Qu'envoyer ?

Pour un roman, des mémoires, un recueil de poésie, un essai (si vous n'êtes pas connu)… c'est très simple : vous envoyez l'intégralité de votre texte, lorsqu'il est fini !

Pour un manuel universitaire, extrascolaire, un guide pratique…, un dossier comportant les éléments suivants suffira :

- une présentation du projet (synopsis) : résumé, objectif, cible, ouvrages concurrents, valeur ajoutée de votre projet par rapport à eux, nombre de pages prévisionnel ;
- un sommaire prévisionnel : parties, chapitres (ne restez pas dans le flou) ;
- un ou deux chapitre(s) de test (évitez le premier chapitre du livre) ;
- votre CV pour attester de votre expertise dans le domaine de votre ouvrage.

L'envoi est fait par la poste (n'envoyez jamais de documents originaux !), ou par mail, si le site de l'éditeur le prévoit. La réponse peut être assez rapide… ou ne jamais venir. Des délais de plusieurs mois ne sont pas rares.

DU CONTRAT À LA REMISE DU MANUSCRIT

Le contrat d'édition

C'est le document qui vous lie à l'éditeur, une fois que ce dernier a décidé
de publier votre ouvrage. À lire avec soin, comme tout contrat que vous
signez.

Il indique notamment le nombre de pages approximatif de l'ouvrage (définitif, et non de votre manuscrit), la date à laquelle vous devez le remettre,
ainsi que votre rémunération.

Les relations éditeur/auteur

Les principales obligations de l'éditeur	Vos principales obligations
Publier votre ouvrage En assurer la diffusion Vous verser la rémunération prévue Vous donner des conseils techniques	Respecter les délais Corriger les épreuves

Les nécessaires retouches

Ne vous offusquez pas des demandes qui vous sont faites de procéder à
telle modification ou telle « coupe » dans votre œuvre : si votre but essen-

tiel est de vous faire plaisir en écrivant, celui de l'éditeur est de réussir à vendre ce que vous avez produit… Ne jouez pas les divas en refusant d'intégrer l'aspect « marketing » dans votre démarche, ce serait jouer contre vos propres intérêts.

Votre rémunération

Elle vous est versée sous la forme de droits d'auteur, calculés en pourcentage du prix public hors taxe des livres vendus. Le taux varie selon la nature des œuvres, la notoriété des auteurs, les maisons d'édition… Il oscille, en règle générale, entre 6 et 10 %.

Le résultat ? Une grande satisfaction de voir son nom sur la couverture d'un livre, la joie d'avoir achevé quelque chose… et, éventuellement un petit "baby blues". Mais pourquoi ne pas embrayer directement sur un nouveau projet ?

À vos plumes !

Exercer des activités professionnelles accessoires

Du beurre dans les épinards

Grave question que se posent pas mal d'enseignants : a-t-on le droit de profiter de son temps libre, pendant les congés ou pendant l'année, pour exercer une activité lucrative. La législation relative au cumul d'activités a changé récemment, cependant le principe suivant demeure : un fonctionnaire ne peut exercer à titre professionnel une activité privée lucrative de quelque nature que ce soit, sous peine de sanctions disciplinaires, financières, voire même pénales. Si certaines activités sont formellement interdites par la loi (art. 25 de la loi du 13 juillet 1983 modifiée), le principe précité tolère quelques exceptions…

EXERCER DES ACTIVITÉS PARALLÈLES

Les activités exercées à titre accessoire auprès d'une personne publique ou privée

La loi permet l'exercice d'activités accessoires compatibles avec les fonctions de l'agent et n'affectant pas le service de ce dernier. Le décret de mai 2007 référencé plus bas dresse une liste limitative des activités accessoires susceptibles d'être autorisées aux fonctionnaires. Toutes ces activités ne sont pas vraiment adaptées aux enseignants (votre traitement est-il si bas que vous ayez besoin de faire des travaux ménagers chez des particuliers pour survivre ?), c'est pourquoi nous ne faisons figurer ici que celles qui peuvent vous concerner :

- expertises ou consultations ;
- enseignement ou formation (▶ fiche 10) ;
- activité agricole, avec certaines restrictions ;
- activité de conjoint collaborateur au sein d'une entreprise artisanale ou commerciale ;

- activité d'intérêt général exercée auprès d'une personne publique ou auprès d'une personne privée à but non lucratif ;
- mission d'intérêt public de coopération internationale ou auprès d'organismes d'intérêt général à caractère international ou d'un État étranger, pour une durée limitée.

Ces activités ne peuvent cependant être exercées sans avoir obtenu une autorisation préalable de cumul, dans les conditions précisées dans la fiche 10 (demande au recteur, par la voie hiérarchique, mentions obligatoires…). Petite remarque : cette autorisation peut, par la suite, vous être retirée dans l'intérêt du service, si votre activité a changé, ou encore, si on ne peut plus vraiment la qualifier d'accessoire…

> **BON À SAVOIR**
>
> Et pendant vos congés annuels ? Êtes-vous libre de faire ce que vous voulez ? Il semblerait bien que non, si l'on se réfère à un arrêt de la cour administrative d'appel de Nantes du 8 février 1995, qui avait été assez claire sur ce point…

L'exercice d'une profession libérale

Dans la nouvelle législation subsiste la possibilité pour les enseignants d'exercer « les professions libérales qui découlent de la nature de leur fonction ». Ça paraît trop beau pour y croire… à juste titre, hélas !

> **BON À SAVOIR**
>
> Certaines professions sont classées dans la catégorie des professions libérales par la loi : expert-comptable, avocat, architecte… D'autres, dites « non réglementées », sont moins évidentes à identifier. Pour l'administration fiscale, exercent en libéral les personnes qui pratiquent, en toute indépendance, une science ou un art, et dont l'activité est essentiellement de nature intellectuelle.
> Pour exercer une profession libérale en entreprise individuelle, il faut procéder à des formalités auprès de l'URSSAF. Une inscription à un ordre professionnel peut être également requise.

Ce qui est autorisé

Difficile de connaître les autorisations qui ont pu être délivrées par l'administration. C'est quand il y a une contestation de la part de celui qui subit la décision administrative que l'on voit la position des juridictions face à ce genre de situation (jurisprudence)…

Dans les cas – peu nombreux il est vrai – soumis au conseil d'État, ce dernier a fait une interprétation très restrictive des textes (qui ont changé depuis, mais dont le contenu est exactement le même…). À titre d'exemple, il a estimé qu'un professeur certifié de sciences et techniques économiques ne pouvait pas exercer la profession d'expert-comptable, ou encore que tenir un cabinet d'études concernant le béton armé ne découlait pas des fonctions d'un professeur de dessin industriel de collège…

En définitive, à quelques exceptions près, il semblerait que parmi les enseignants du second degré (ceux du supérieur se voient autoriser de nombreux types d'activités), ceux d'EPS soient les plus favorisés, puisqu'ils sont autorisés à exercer la profession de masseur-kinésithérapeute, par un décret de mars 1963. Allez comprendre…

Comment faire sa demande ?

Si vous souhaitez exercer une profession libérale, vous pouvez cependant tenter le coup, en demandant une autorisation.

Comment et à qui ? Le décret de mai 2007 relatif au cumul ne mentionne pas ce type d'autorisation. On peut en conclure que la note de service de 1992 citée plus bas s'applique toujours. C'est donc au recteur que vous adresserez votre demande, par la voie hiérarchique. En fait, cela revient au même que pour les autorisations visées par le décret de 2007, sauf que les informations que vous devez fournir ne sont pas précisées.

> **BON À SAVOIR**
>
> Quand on demande quelque chose, tout en sachant pertinemment que l'on a peu de chance d'obtenir satisfaction, il faut être le plus convaincant possible ! Soignez tout particulièrement votre dossier en expliquant bien en quoi consiste l'activité envisagée. Tentez de montrer qu'elle ne risque pas de nuire à votre activité principale, ou mieux, qu'elle apporterait une valeur ajoutée à vos enseignements ! Et bien sûr, n'oubliez pas de soigner la forme !

Peut-être avez-vous eu vent de collègues exerçant des activités ne vous paraissant pas très compatibles avec tout ce qui vient d'être évoqué ? C'est tout à fait possible. Difficile de faire des statistiques sur le travail occulte chez les profs, mais il est plus que probable que certains se passent d'autorisation… Pas vus, pas pris…

La détention de parts sociales et la libre gestion de son patrimoine

Vous pouvez détenir des parts sociales et percevoir les bénéfices qui s'y rattachent. En résumé, vous gérez, comme vous l'entendez, votre patrimoine. Vous n'êtes cependant pas autorisé(e) à participer aux organes de direction de la (ou des) société(s).

CRÉER SON ENTREPRISE POUR QUITTER LA FONCTION PUBLIQUE

Il ne s'agit plus dans ce cas de cumuler des activités, mais de préparer un éventuel départ de la fonction publique, en «testant» au préalable si l'activité que vous envisagez de monter est bien viable. On n'est jamais trop prudent…

La disponibilité pour créer ou reprendre une entreprise

Les règles concernant la disponibilité figurent dans la fiche 4.

Rappelons brièvement les éléments propres à la création ou reprise d'entreprise :

- vous devez avoir trois ans de services effectifs à votre actif ;
- cette disponibilité n'est pas de droit ;
- elle est accordée par année scolaire ;
- elle est de deux ans au plus.

Et, bien entendu, comme pour toute disponibilité, pas de salaire et perte de votre poste. Pas vraiment tentant… mais le législateur a pensé à vos velléités de quitter la fonction publique, en vous mitonnant un nouveau régime plutôt intéressant.

Le temps partiel pour création ou reprise d'entreprise

Nouveauté 2007 : vous pouvez désormais créer ou reprendre une entreprise tout en conservant votre emploi, et vous pouvez même bénéficier d'un mi-temps qui est de droit. Bien entendu, une telle situation n'est pas destinée à durer: l'autorisation vous est accordée pour un an, renouvelable une fois. Passé ce délai, il faudra faire un choix, peut-être cornélien…

La démarche est la suivante:

- vous devez faire une déclaration écrite au rectorat, deux mois au moins avant la date de création ou de reprise. Cette déclaration indiquera notamment la forme, l'objet social, le secteur et la branche de l'activité que vous envisagez;
- le recteur saisit, pour avis, une commission de déontologie qui va examiner si votre projet est compatible avec vos fonctions (c'est également le cas si vous demandez une disponibilité);
- si la commission n'a pas besoin d'information complémentaire, elle rend son avis dans le délai d'un mois;
- l'avis est transmis au recteur qui vous en informe;
- le recteur se prononce sur votre cas;
- l'administration a la faculté de différer votre projet, pour une durée qui ne peut excéder six mois.

TEXTES FONDAMENTAUX

- Loi n° 83-634 du 13 juillet 1983 modifiée par la loi n° 2007-148 du 2 février 2007.
- Loi n° 84-16 du 11 janvier 1984 modifiée par la loi n° 2007-148 du 2 février 2007.
- Décret n° 2007-658 du 2 mai 2007.
- Note de service n° 92-238 du 20 août 1992.

Comme vous le voyez, les enseignants du second degré ne sont pas les mieux lotis en matière de cumul, quand ils veulent sortir des activités d'enseignement…

Pour contourner ces limites, en restant dans la légalité, deux possibilités: devenir enseignant dans le supérieur (mais long est le chemin… (▶ fiche 20), ou vous investir dans la production d'œuvres de l'esprit (▶ fiche 21).

Partie 4

S'orienter
vers un nouveau métier

Devenir chef de travaux

Casque obligatoire?

Non, il ne s'agit pas de vous conseiller une reconversion dans les travaux publics! Chef de travaux est une fonction que peuvent potentiellement occuper, dans certains établissements, les enseignants de toutes les disciplines technologiques ou professionnelles, et non uniquement ceux disposant de savoirs dans le domaine du bâtiment. Elle consiste à encadrer, dans des lycées ou des EREA, les sections industrielles, tertiaires ou professionnelles

QU'EST-CE QU'UN CHEF DE TRAVAUX?

Si la désignation est plutôt obsolète et ne fait, a priori, pas franchement envie, les missions qui s'y rattachent sont résolument tournées vers l'avenir et le monde extérieur. Par ailleurs, un chef de travaux n'enseigne plus, sauf sous la forme d'heures sup'.

Enseignant, administratif ou dirigeant?

Les trois, mon général! En pratique seulement, car le chef de travaux est et reste un enseignant en ce qui concerne son statut, même si son métier réel est très différent. Il ne fait pas partie du personnel de direction et n'a, de ce fait, aucune autorité sur les collègues dont il coordonne les actions.

Ses missions

- Organiser et coordonner les enseignements technologiques ou professionnels ainsi que de gérer les moyens qui y sont affectés. Son rôle dans ce cadre est celui d'un gestionnaire de ressources, humaines autant que matérielles.

- Conseiller le chef d'établissement, notamment quant au choix des équipements, à la sécurité des locaux et des matériels, à l'offre de formation…

Pivot entre les enseignants, la direction du lycée et l'inspection, le chef de travaux assume un rôle d'interlocuteur privilégié vis-à-vis du monde professionnel. L'aspect relations publiques de la tâche n'est pas à négliger.

> **BON À SAVOIR**
>
> Ces missions dépendent fortement, en pratique, de l'historique de l'établissement, du style de management de l'équipe de direction, ainsi que de la nature des sections dont le chef de travaux a la charge. Ainsi, certains chefs de travaux se voient confier la détermination du service des enseignants des sections qu'ils ont sous leur responsabilité, ainsi que la réalisation des emplois du temps.

Les missions du chef de travaux, diverses et variées, nécessitent d'être à l'écoute des interlocuteurs, particulièrement des enseignants.

Un exemple me vient à l'esprit. L'intégration des nouvelles technologies dans l'enseignement conduit à utiliser de plus en plus fréquemment un vidéoprojecteur et un ordinateur pour l'illustration des cours. Dans un établissement de taille importante, il est encore impossible d'équiper les nombreuses salles de matériels fixes. On voit donc les enseignants arpenter les couloirs avec leur sac, le vidéoprojecteur, un portable qu'il faut ensuite installer dans la salle... Cela finit par limiter le recours à ces outils.

J'ai proposé une solution toute simple : se doter de chariots mobiles sur lesquels seraient déjà branchés un portable et un vidéoprojecteur.

L'installation dans la salle est simple et rapide. Depuis ces acquisitions, les usages des diaporamas, des supports vidéos, des illustrations par les sites Internet se sont multipliées.

Bien évidemment cela suppose aussi que les salles soient équipées de prises réseau. Un équipement réalisé progressivement depuis longtemps : matérialisation de la mission d'anticipation et de veille technologique.

Le grand chantier en cours consiste à développer l'intégration des espaces numériques de travail dans les enseignements. »

Marie-Claude, agrégée d'économie et gestion informatique,
chef de travaux tertiaire dans un LEGT.

Ses qualités

Aptitude aux relations humaines (évidence, vu ce qui précède…)

Méthode et sens de l'organisation

Disponibilité et motivation

Et, bien sûr, compétences techniques dans le domaine qu'il chapeaute !

> **BON À SAVOIR**
>
> Il existe des personnes « faisant fonction » de chef de travaux. Elles sont nommées au niveau académique et ont les avantages financiers mentionnés plus bas. Elles ne sont cependant pas chefs de travaux et leur mission peut prendre fin si un « vrai » chef de travaux demande le poste.
>
> Quant à la fonction de « coordonnateur de travaux », il s'agit juste de donner à un enseignant une décharge horaire partielle pour assumer des tâches de chef de travaux, lorsqu'un tel poste n'existe pas dans l'établissement.

DEVENIR CHEF DE TRAVAUX

Les conditions à remplir

Être agrégé ou certifié d'une discipline technique, ou PLP d'une discipline professionnelle (de toute façon, le descriptif du poste a déjà fait fuir tous les profs de matières classiques !)

Avoir une ancienneté minimale de cinq ans en tant qu'enseignant titulaire, car on ne va quand même pas confier de telles responsabilités à un bleu…

La procédure

Le recrutement, de même que la mobilité, s'effectue dans le cadre d'un mouvement spécifique, via SIAM. La procédure figure au numéro spécial du *BOEN* relatif au mouvement, qui paraît généralement courant novembre.

Il faut remplir une notice et constituer un dossier comportant notamment un CV très détaillé, une lettre de motivation, dans laquelle vous développez votre perception de la fonction que vous visez, ainsi que les projets que vous souhaiteriez conduire dans ce cadre (▶ fiches 5 et 6). Le dossier doit être transmis à l'administration centrale, revêtu des avis respectifs de votre chef d'établissement, de votre inspecteur ainsi que du recteur.

Vous devez également faire part de vos vœux (postes publiés sur SIAM et vœux géographiques).

> ### BON À SAVOIR
>
> Les postes proposés ont un profil : vous ne serez pas chef de travaux dans une section ne correspondant pas à votre discipline.

Si l'administration émet un avis favorable concernant votre candidature, vous accomplirez une année probatoire à l'issue de laquelle votre maintien dans les fonctions de chef de travaux sera conditionné à un avis favorable du recteur. Les candidats évincés à ce stade sont réaffectés comme enseignants dans leur académie d'origine.

Si toutefois, vous ne pouvez accomplir cette année, faute de poste, vous n'aurez pas à refaire un dossier pour participer aux mouvements des deux années suivantes.

> ### BON À SAVOIR
>
> Les chefs de travaux doivent suivre une formation, c'est en tout cas ce qui figure dans la circulaire de référence mentionnée plus bas. Il s'agirait d'une formation de 60 heures organisée partiellement au niveau académique, partiellement au niveau national. Le conditionnel s'impose ici car, dans la pratique, de nombreux chefs de travaux n'ont jamais été formés. Les situations doivent certainement être variables selon les académies…

LA CARRIÈRE DES CHEFS DE TRAVAUX

La durée hebdomadaire du travail

Elle est, aussi surprenant que cela puisse paraître de… 39 heures ! En pratique, elle dépendra, de même que les horaires, des relations entre le chef de travaux et le chef d'établissement. Cette souplesse est nécessaire pour tenir compte des missions que le chef de travaux assume en dehors des heures « normales » de bureau, notamment les réunions, très nombreuses…

Enseignements ?

Le chef de travaux peut être amené à effectuer, s'il l'accepte, des heures d'enseignement (en Gréta, en IUFM, dans des sections de l'établissement...). Ces heures supplémentaires, rémunérées en fonction du corps de l'enseignant, ne peuvent être supérieures à 4 par semaine.

Aspect financier de la fonction

Au traitement, identique à celui d'un enseignant qui enseigne, viennent s'ajouter :

- une nouvelle bonification indiciaire (NBI) de 40 points d'indice majoré ;
- une indemnité de responsabilité dont le taux annuel dépend du nombre d'élèves dans les sections dont le chef de travaux a la charge (à la louche, entre 2 300 et 4 000 euros) ;
- la part fixe de l'ISOE ;
- les éventuelles HSA.

Notation et avancement

Comme tous ses collègues exerçant en établissement du second degré, et selon les mêmes règles qu'eux, le chef de travaux est noté et inspecté. En pratique, son inspecteur lui demande souvent de réaliser un bilan de son action.

Et pour son avancement, rien de dérogatoire à signaler, si ce n'est que sa situation lui donne un « plus » pour l'accès à la hors classe, ou encore pour l'accession, par liste d'aptitude, au corps des professeurs agrégés.

TEXTES FONDAMENTAUX

- Circulaire n° 91-306 du 21 novembre 1991.
- Décret n° 2003-268 du 19 mars 2003.
- Décret n° 92-1189 du 6 novembre 1992.

Tout cela vous tente bien, mais vous avez peur de sauter le pas?

N'oubliez pas que la situation est réversible : enseignant(e), vous n'avez qu'à reprendre le flot du mouvement pour retrouver vos chers élèves !

Missions et postes administratifs accessibles sans nouveau concours

Messieurs les ronds de cuir

Si vous en avez assez d'enseigner, et que ce n'est pas inhérent à la nature de votre public, peut-être est-il temps pour vous de passer à autre chose, avant que la dépression ne vous guette! Se tourner vers des missions pédagogiques et administratives peut être également un choix de carrière (précédant ou non d'autres orientations) ou une simple pause, avant de retrouver ses chers élèves... La position administrative? Généralement détachement ou mise à disposition (▶ fiche 4).

AU SEIN DE L'EN

Le *BOEN*

De nombreuses missions et postes sont proposés dans le *BOEN*, au sein de la rubrique «vacance de postes». Certains sont clairement destinés à des administratifs, à des membres des corps de direction et d'inspection, ou encore à des enseignants du supérieur. Ils ne seront pas évoqués ici. D'autres sont, à l'inverse, proposés en priorité, voire exclusivement, à des enseignants du second degré. Pour une troisième catégorie de postes, les conditions pour poser sa candidature indiquent l'ancienneté et/ou l'indice brut minimum des candidats, ainsi que l'indice terminal minimum qui doit être celui du corps auquel ils appartiennent. Dans ce cas, n'hésitez pas à postuler si vous remplissez les conditions et que votre profil est en adéquation avec celui qui est décrit.

Ces postes sont généralement attribués après étude du dossier (comprenant notamment CV et lettre de motivation) et entretien (▶ fiches 5 à 7).

> **BON À SAVOIR**
>
> À partir de la publication d'un avis au *BOEN*, le délai pour présenter sa candidature est compris entre quinze jours et un mois : une lecture régulière s'impose, et la réactivité est de mise.

Le Web

Certains des organismes relevant de l'Éducation nationale qui recrutent des enseignants ont des sites Web sur lesquels figurent, parfois, les emplois qu'ils proposent. Leurs URL figurent plus bas.

> **BON À SAVOIR**
>
> Sur le site http://www.evidens.education.gouv.fr figure une liste de postes d'encadrement supérieurs vacants. Il s'agit surtout d'emplois fonctionnels dans lesquels les personnes sont détachées pour une durée déterminée. La plupart sont destinés à des personnels d'encadrement supérieur… mais pas tous ! Chercher un poste d'un genre nouveau est un travail de fourmi : vous ne devez faire l'impasse sur aucune possibilité.

Le réseau

Avoir un bon réseau permet parfois d'être informé de l'existence d'un poste avant qu'il ne soit publié. Cela permet surtout d'accéder à des postes qui ne font l'objet d'aucun appel à candidature, comme c'est, en règle générale, le cas pour les missions confiées à des enseignants au sein des rectorats.

Les organismes d'accueil et les types de postes

Difficile de citer toutes les possibilités qui existent, et de détailler celles qui sont évoquées… Ce petit florilège vous donnera cependant de sérieuses pistes.

Postes au Cned

Le Centre national d'enseignement à distance[1] est l'un des plus gros pourvoyeurs de postes du *BOEN*. Des avis de vacance destinés aux enseignants sont publiés tout au long de l'année.

---

1. http://www.cned.fr.

Il s'agit de postes à responsabilités administratives et pédagogiques (chargés d'études, conseillers en formation, chefs de projets…), localisés sur les sites de l'établissement, c'est-à-dire à Poitiers, Grenoble, Rennes, Vanves, Lille, Rouen, Toulouse ou Lyon.

À noter que vous pouvez également vous porter candidat aux postes de direction proposés par cet organisme, si vous remplissez les conditions d'indice et de corps mentionnés dans leurs descriptifs.

Postes au CNDP, dans les CRDP et CDDP

Le Centre national de documentation pédagogique[1], ainsi que les centres régionaux et départementaux recrutent périodiquement des enseignants. Exemples de fonctions : chargé de réalisation audiovisuelle et multimédia, délégué pédagogique, chargé de documentation… Les emplois peuvent être localisés dans tous les départements français. Là aussi, vous pouvez également présenter votre candidature à des postes de direction.

Postes à l'UNSS

L'Union nationale du sport scolaire[2] est une fédération sportive placée sous la tutelle du MEN. Elle recrute tous les ans, de façon assez massive, des directeurs et directeurs adjoints de services départementaux, plus rarement régionaux. Ces postes peuvent être localisés dans tous les départements de France.

Postes à l'INRP ou au CIEP

L'Institut national de recherche pédagogique[3], établissement ayant pour objet de développer et de favoriser la recherche en éducation et formation, situé à Lyon, recrute parfois des enseignants du second degré pour des activités d'appui aux recherches.

Quant au Centre international d'études pédagogiques[4], organisme contribuant à la mise en œuvre de la politique internationale du MEN dans le domaine des langues et de l'éducation, situé à Paris, il offre essentiellement des postes de responsables de programmes et de chargés de programmes.

---

1. http://www.cndp.fr.
2. http://www.unss.org.
3. http://www.inrp.fr.
4. http://www.ciep.fr.

Postes de conseillers en formation continue dans les académies

La fonction de conseiller en formation continue (CFC) consiste à animer les travaux relatifs à l'élaboration, à l'adaptation, à l'organisation et à la promotion de l'offre de formation continue de l'Éducation nationale.

Les postes vacants sont publiés au *BOEN*. Le recrutement est académique.

Tous les personnels de catégorie A peuvent présenter leur candidature, et des contractuels sont également recrutés, cependant, on peut noter que les professeurs agrégés, certifiés et PLP représentent plus de la moitié des CFC en exercice. Après une année probatoire, le CFC est mis à la disposition du recteur qui l'affecte dans un Gréta, à la délégation académique à la formation continue (Dafco) ou dans un groupement d'intérêt public «formation continue et insertion professionnelle» (GIP-FCIP). Il conserve l'appartenance à son corps d'origine.

Missions et postes au sein des rectorats

Contrairement à certaines idées reçues, les enseignants qui travaillent dans les rectorats n'ont pas tous été placés là pour éviter de les laisser face à une classe.

Les missions, diverses et variables en fonction des académies, ne sont pas publiées. Vous pouvez, par exemple, vous les voir proposer par votre inspecteur… Nombreuses sont celles qui ne donnent lieu qu'à une décharge partielle d'enseignement, mais il existe aussi des missions à temps complet. Attention, alors, à votre position administrative : de la mise à disposition au simple statut de TZR affecté au rectorat…

Il existe, par ailleurs, des postes de nature administrative que peuvent occuper des enseignants. Une fois de plus, vous devez scruter le *BOEN*.

Professeur d'économie gestion, j'occupe depuis la rentrée 2006 un poste de chargé de mission placé sous l'autorité directe du recteur de l'académie.

Une lettre de mission fixe mes attributions, centrées sur le suivi du projet académique.

Pendant l'année scolaire 2007-2008, l'essentiel de mon temps a été consacré à la mise en place des contrats d'objectifs qui vont lier les collèges et les lycées à l'autorité académique.

Le contrat, élaboré à partir du projet d'établissement, favorise l'atteinte des objectifs nationaux au niveau académique tout en prenant en compte les spécificités de chaque établissement. On vise ainsi à promouvoir une démarche de performance voulue dans l'axe 4 du projet académique.

Ma participation à la mise en œuvre de ce projet passe aussi par deux autres missions qui me sont confiées :

– développer le soutien aux expérimentations pédagogiques ;

– assurer le suivi du fonctionnement des bassins d'éducation et de formation.

Ma fonction de chargée de mission m'a permis de découvrir le monde de l'éducation sous un angle nouveau : je suis l'interface entre les équipes éducatives et les services rectoraux. Je bénéficie ainsi d'une expérience très enrichissante, tant sur le plan professionnel que sur le plan humain, puisque mes missions me mettent en contact avec un grand nombre de personnes (corps d'inspection, chefs d'établissement, équipes éducatives...). »

Bernadette, professeur certifié d'économie et gestion,
chargée de mission dans un rectorat.

LES INCURSIONS HORS DE L'EN

Les postes proposés par l'intermédiaire de l'Éducation nationale

BON À SAVOIR

Vous avez au moins quinze ans de services d'enseignement à votre actif ? Il existe un dispositif nommé « seconde carrière » (décret du 9 août 2005) vous permettant d'accéder, par la voie du détachement, à des emplois proposés par les administrations de l'État, les collectivités locales et les établissements publics à caractère administratif. Vous trouverez la liste des postes (situés dans toute la France) et la procédure à suivre sur le site de votre académie.

Ce système vous permettra d'obtenir un détachement d'un an (renouvelable une fois), à l'issue duquel vous pourrez demander, au choix, votre réintégration ou votre intégration dans le corps dont relève votre nouvel emploi.

En dehors du dispositif «seconde carrière», seule une lecture régulière du *BOEN* vous permettra de ne laisser passer aucune opportunité. À noter que le site http://www.evidens.education.gouv.fr répertorie également quelques emplois relevant d'autres administrations.

Quelques exemples de postes parus au *BOEN* :

- secrétaire général de la Fédération internationale des professeurs de français ;
- rédacteur en chef adjoint de la revue *Le Français dans le monde* ;
- postes auprès d'établissements relevant du ministère de la Culture et de la communication et des directions régionales des affaires culturelles (conception d'outils pédagogiques, élaboration d'actions de formation… par exemple, au sein de musées),

> **BON À SAVOIR**
>
> Il existe une convention relative à la participation au fonctionnement de la MGEN d'un certain nombre de fonctionnaires et agents relevant du MEN. Il est possible, dans ce cas, d'obtenir des détachements ou mises à disposition auprès de cet organisme. Si la convention est parue au *BOEN*, les postes n'y sont, en revanche, pas publiés… Ils peuvent faire l'objet d'affichages dans les établissements. Si vous êtes intéressé(e), n'hésitez pas à contacter directement la MGEN.

Les autres possibilités

En dehors de ce qui vient d'être mentionné, à vous de vous débrouiller pour trouver un point de chute, et obtenir l'accord de l'Éducation nationale. En pratique, votre démarche a très peu de chances d'aboutir si vous ne bénéficiez d'aucun appui. Raison de plus pour cultiver votre réseau…

De nombreux sites recensent des offres d'emploi de toute nature dans la fonction publique ; quelques sources fiables permettent cependant d'éviter de s'éparpiller. Qui ne tente rien…

- http://www.emploipublic.fr : offres d'emploi dans les trois fonctions publiques ;
- http://emploi.fhf.fr : offres dans la fonction publique hospitalière ;
- http://lagazettedescommunes.com : offres dans la fonction publique territoriale.

Partir à l'étranger

Le MEN publie régulièrement sur son site des postes et missions à l'étranger (hors AEFE, ▶ fiche 17), ouverts aux personnels des ministères de l'Éducation nationale, de l'Enseignement supérieur et de la Recherche. Les candidatures se font en ligne, selon les modalités décrites dans des avis paraissant régulièrement au *BOEN*.

Quelques exemples de fonctions (la liste est très longue) : attachés de coopération éducative, attachés culturels, chefs de projets…

Vous pouvez, par ailleurs, consulter le site du ministère des Affaires étrangères[1], rubrique emploi/concours.

Il est impossible de détailler ici toutes les modalités de candidature, missions et conditions de travail relatives à des fonctions aussi hétérogènes que celles qui ont été évoquées. Petite remarque concernant le service à accomplir et les implications financières de l'emploi que vous convoitez : ne vous renseignez pas trop ouvertement, lors d'une prise de contact téléphonique. On pourrait avoir de sérieux doutes sur votre motivation réelle…

---

1. http://www.diplomatie.gouv.fr.

Devenir personnel de direction dans le second degré

Être calife à la place du calife...

Parmi les possibilités d'évolution de carrière que vous avez forcément envisagées, ou au moins dont l'idée vous a effleuré l'esprit, si vous êtes en période de remise en question : devenir chef d'établissement. Il est vrai qu'il s'agit, à l'instar de l'intégration d'un corps d'inspection, d'un débouché « classique » pour les personnels enseignants. Attention, cependant, à bien évaluer les diverses implications de la fonction...

LES PERSONNELS DE DIRECTION ET LEURS MISSIONS

Le corps des personnels de direction

Tous les personnels de direction font partie, depuis 2001, d'un corps unique subdivisé en 3 grades : la 2e classe, la 1re classe et la hors-classe.

Ces personnels exercent, principalement en collèges, lycées d'enseignement général et technologique (LEGT) et lycées professionnels, les fonctions de chef d'établissement ou d'adjoint.

Le corps des personnels de direction comprend près de 14 000 personnes, stagiaires ou titulaires. Les nouveaux venus sont, tous les ans, de 800 à 900.

Les missions des personnels de direction

Sous l'autorité du recteur et de l'inspecteur d'académie, en relation avec la collectivité territoriale de rattachement (département ou région selon la nature de l'établissement) à laquelle ils doivent également rendre compte de certaines de leurs décisions, les personnels de direction exercent essentiellement leurs activités dans les quatre domaines qui suivent :

- administrer l'établissement ;
- conduire une politique pédagogique et éducative ;
- assurer les relations avec l'environnement ;
- conduire et animer la gestion des ressources humaines.

Leurs tâches sont de trois natures différentes : administratives, relationnelles et décisionnelles.

Les principales caractéristiques de ces fonctions

> **BON À SAVOIR**
>
> Si vous êtes tenté(e) par ce type de fonction, oubliez vos horaires et vos congés d'enseignant(e) !
> En tant que cadres supérieurs, le chef d'établissement et son adjoint sont assez autonomes, mais également surchargés, s'ils veulent s'impliquer pleinement dans leurs fonctions, ce qui est généralement le cas.
> Les règles principales qui s'appliquent à eux sont, en théorie, les suivantes :
> - le temps de travail est décompté en jours,
> - le service ne peut excéder 10 demi-journées par semaine et la durée du travail ne peut dépasser 48 heures, ni 44 heures sur une période de 12 semaines consécutives,
> - 45 jours de repos annuels (25 de congés, 20 de RTT).
> À noter qu'ils doivent également assurer des permanences pendant les petites vacances, ainsi qu'au début et à la fin des vacances d'été...

Ces fonctions impliquent d'être disponible, diplomate... et d'avoir les nerfs solides. En effet, elles se caractérisent par :

- l'abondance du travail administratif ;
- la dispersion des tâches (qui induit notamment une certaine difficulté de concentration) ;
- la solitude et les responsabilités ;
- la confrontation, dans certains cas, à de nombreux problèmes sociaux ;
- des marges de manœuvre très réduites (entre la hiérarchie, la collectivité de rattachement, l'équipe pédagogique, les parents d'élèves...).

> **BON À SAVOIR**
>
> Le chef d'établissement et son adjoint bénéficient, dans la majorité des cas, d'un logement de fonction dans lequel ils sont, sauf exception, obligés de résider. Des dérogations peuvent être accordées dans certains cas. Cet « avantage en nature », qui doit être déclaré comme tel à l'administration fiscale, peut ne pas en être vraiment un en fonction de la situation familiale de ces personnels et des caractéristiques des logements (du bel appartement dans un lycée ancien de centre-ville, au style HLM de banlieue difficile…). Sans compter qu'il est, alors, difficile de bien dissocier vie familiale et vie professionnelle…

DEVENIR PERSONNEL DE DIRECTION

Pour devenir personnel de direction, trois possibilités existent : le concours, le détachement, ou la liste d'aptitude (pour la deuxième classe uniquement). Les conditions d'ancienneté requises sont plus importantes dans les deux derniers cas et le concours constitue la voie « normale », en représentant les deux tiers des recrutements.

Les conditions à remplir pour passer les concours

Il y a, en fait, deux concours distincts, c'est-à-dire deux « stocks » de postes, proposés chacun à des personnels de nature différente. Les candidats à la session 2007 ont cependant passé la même épreuve écrite.

- Concours de première classe : cinq ans de service en tant que fonctionnaire titulaire de catégorie A, dans un certain nombre de corps limitativement énumérés, parmi lesquels les enseignants du second degré.

- Concours de deuxième classe : cinq ans de service en tant que titulaire dans le corps des professeurs agrégés, des professeurs de chaire supérieure, des maîtres de conférences et assimilés.

Il n'y a plus de limite d'âge pour se présenter.

À noter que les candidats à ces deux concours sont, pour les trois quarts d'entre eux, des enseignants du second degré.

Les concours

Les modalités de déroulement des concours paraissent au *BOEN*. Pour la session 2008, elles figuraient dans le numéro spécial du 26 juillet 2007.

Le calendrier

À titre d'exemple, pour la session 2008, les inscriptions se faisaient via Internet de mi-septembre à mi-octobre, l'épreuve écrite était programmée le 15 janvier et les oraux mi-avril, pour des résultats à la fin du mois d'avril.

La préparation

Se présenter au concours sans une préparation rigoureuse n'est pas vraiment recommandé… Alors, où se préparer? Deux possibilités (en dehors du fait de potasser tout seul, bien entendu…): s'inscrire au Cned ou à la préparation proposée par votre académie dans le cadre de son plan académique de formation.

À noter que le site Web de l'École supérieure de l'Éducation nationale (ESEN)[1] propose des exemples de sujets (corrigés ou non), les textes officiels relatifs aux épreuves du concours et aux personnels de direction, une bibliographie, ainsi que de nombreux conseils. À explorer impérativement pour vous faire une idée plus précise, avant de vous jeter dans la bataille.

> **BON À SAVOIR**
>
> Être « faisant fonction » de chef d'établissement (ou d'adjoint): un bon plan pour préparer le concours? Bof, bof… Si ce statut – qui n'en est pas un – vous permet de mieux vous rendre compte de ce qui vous attend et d'avoir une autre approche de l'institution, le temps pour préparer les épreuves risque de vous manquer cruellement. En fait, les « faisant fonction » ne se sont pas spécialement bien débrouillés lors de la dernière session…
>
> Si vous êtes toutefois tenté(e) par l'aventure, prenez contact avec votre rectorat: les modalités de candidature diffèrent selon les académies. Deux petites remarques: les « faisant fonction » sont affectés sur des postes qui n'ont pu être pourvus par des personnels de direction, et sont payés comme des profs…

---

1. http://www.esen.education.fr.

Le dossier

Lors de l'inscription, les candidats doivent remettre au rectorat un dossier comportant les pièces décrites dans le tableau suivant.

Un état des services	Imprimé à compléter.
Un CV	(▶ fiche 5) Longueur maximum : 3 pages dactylographiées.
Un rapport d'activité	Document de 5 pages dactylographiées au plus, décrivant vos activités professionnelles (pour le contenu indicatif, référez-vous à l'annexe 1 du BOEN spécial).
Une lettre de motivation	(▶ fiche 6) Courrier, de 3 pages dactylographiées maximum, mettant en valeur votre détermination et votre projection dans les fonctions visées
Appréciations et évaluations	Les deux dernières.

Ce dossier n'est pas censé être évalué en tant que tel, mais sert à guider les membres du jury pour mener l'entretien oral. Il est indispensable de soigner sa réalisation, tant sur le fond que sur la forme, et de privilégier la concision…

L'admissibilité

Depuis la session 2007, il ne s'agit plus d'une épreuve sur dossier, mais d'une épreuve écrite de quatre heures consistant en une « étude d'un cas concret portant sur le système éducatif du second degré aux niveaux local, régional et national ».

Passer victorieusement le cap de l'écrit nécessite de faire preuve d'une bonne connaissance du système et du droit de l'éducation, d'esprit de synthèse, d'une aptitude avérée à proposer des solutions à un problème, ainsi que de capacités rédactionnelles.

Vous ne devez en aucun cas négliger la forme des documents produits.

Lors de l'épreuve de 2007, il s'agissait de faire une fiche analysant une situation et proposant des solutions, un projet de lettre, ainsi qu'un courrier destiné au recteur, pour accompagner ces documents.

L'admission

Il s'agit d'une épreuve orale d'une durée d'une heure qui s'organise de la façon suivante : 15 minutes pendant lesquelles vous exposez vos activités professionnelles et compétences, suivies de 45 minutes d'entretien avec le jury. Ce dernier cherche à apprécier vos qualités et motivations, ainsi que vos aptitudes à exercer les fonctions de personnel de direction.

Tout au long de cet oral, il vous faut être capable de mettre en perspective les moments essentiels de votre carrière, de vous projeter dans l'avenir et d'éviter les motivations « bateau ». Vous devez montrer que vous savez écouter le jury, mais que vous pouvez également prendre position sur un sujet lorsqu'on vous le demande.

BON À SAVOIR

Les questions posées par le jury sont assez diversifiées. D'une façon générale, l'entretien est, au début, dans la continuité de votre exposé, puis s'en écarte peu à peu.

Les questions peuvent être déstabilisantes, notamment pour tester votre capacité à réagir. Si vous ne savez pas répondre à l'une d'entre elles, n'hésitez pas à le dire – à condition que cela ne se produise que rarement…

Taux de réussite

Traditionnellement plus élevé en 1re classe qu'en 2e classe ; les ratios présents/admis étaient respectivement de 41,5 % et 25,2 % en 2007. À noter, la relative jeunesse des lauréats : la moitié avait moins de 40 ans.

BON À SAVOIR

Comment devenir directeur d'un établissement spécialisé (EREA…) ? En passant un examen qui est ouvert, notamment, aux enseignants ayant au moins cinq ans d'expérience dans un emploi relevant du domaine de l'adaptation scolaire et de la scolarisation des élèves handicapés. L'arrêté relatif à la session 2008 a été publié en mai 2007.

LA CARRIÈRE DES PERSONNELS DE DIRECTION

La formation en alternance

Pendant deux ans, les lauréats des concours vont être stagiaires en responsabilité, détachés dans le corps des personnels de direction.

Au cours de ces deux années, chacun d'entre eux est suivi par un tuteur nommé par le recteur et suit une formation par alternance d'une durée de 70 à 80 jours. Cette formation, pilotée au plan national, mais académique, est individualisée. Des séminaires ont lieu, très ponctuellement, à l'ESEN. Un stage en entreprise est également réalisé.

À l'issue de cette période, le stagiaire est, en règle générale, titularisé dans son nouveau corps.

Premier poste et mobilité

La nature du concours (1re puis 2e classe) et le rang de classement conditionnent la satisfaction des vœux formulés par les lauréats des concours.

Les stagiaires sont affectés dans une académie par le ministre, puis, dans un établissement au sein de l'académie, par le recteur. Leur premier poste est généralement un poste d'adjoint. Ils doivent occuper celui-ci pendant au moins trois ans, à compter du début de leur stage, avant de pouvoir demander leur mutation. Le fait d'obtenir dès le début sa propre académie est, bien entendu, conditionné par l'attractivité de cette dernière.

Si les candidats aux concours ont généralement intégré la mobilité géographique à laquelle ils s'engageaient, ils n'ont aucune idée du chef d'établissement qui les attend dans leur affectation. Or le duo chef d'établissement-adjoint est indissociable, et une bonne entente est nécessaire pour que les conditions de travail soient agréables. La diplomatie s'impose…

Que l'on soit ou non satisfait de son affectation, la mobilité est une obligation statutaire : il est interdit de rester plus de 9 ans dans le même établissement.

Aspects financiers

Grille indiciaire des personnels de direction

2e classe	1re classe	Hors classe
10 échelons IB 450 à 852	11 échelons IB 457 à 1015	6 échelons IB 801 à hors-échelle lettre A

Les personnels de direction bénéficient, par ailleurs, de bonifications indiciaires et d'indemnités :

- une bonification indiciaire de 50 à 150 points liée à la fonction exercée (chef d'établissement ou adjoint) et à la catégorie de l'établissement (cinq catégories, dépendant essentiellement du nombre d'élèves) ;

– une indemnité de sujétions spéciales dépendant également de la fonction et de la catégorie de l'établissement, variant d'environ 2 800 à 4 800 euros ;

– une indemnité de responsabilité de direction comprise entre environ 1 100 et 2 050 euros pour le chef d'établissement (50 % du montant de cette indemnité pour son adjoint) ;

– des avantages supplémentaires, dans des cas particuliers (direction d'établissement de 3e ou 4e catégorie, établissement «ambition réussite»…) ;

– exceptionnellement, l'octroi d'une prime de fin d'année aux chefs d'établissements et à leurs adjoints (750 et 375 euros) a été annoncé début 2008 par le ministre de l'Éducation nationale.

> **BON À SAVOIR**
>
> Les personnels de direction sont évalués par le recteur, sur les objectifs de leur lettre de mission.

Évolutions possibles

La logique : s'acheminer, à petit pas, vers un établissement important et/ou prestigieux et/ou bien situé. Sinon, certains postes (notamment fonctionnels) sont ouverts, voire réservés, aux personnels de direction.

> **TEXTES FONDAMENTAUX**
>
> - Décret n° 2001-1174 du 11 décembre 2001.
> - Arrêté du 21 août 2006 modifié par l'arrêté du 28 juin 2007.
> - Note du 24 janvier 2007 (*BOEN* n° 8 du 22 février 2007).
> - Note de service annuelle relative aux concours de recrutement de personnels gérés par la direction générale des ressources humaines.

Envisager une carrière de personnel de direction n'est pas une décision qui se prend à la légère : les fonctions ne sont pas faciles et nécessitent des aptitudes dont l'absence peut transformer votre vie en cauchemar. En résumé, en avoir assez des élèves (!) ou de l'enseignement n'est pas une bonne motivation pour tenter l'aventure...

Devenir inspecteur

Harry ou La Bavure ?

Pour de nombreux enseignants, l'inspecteur est celui qui vient, régulièrement ou non, inspecter, c'est-à-dire juger, noter, mais aussi conseiller ses collègues. Cependant les missions de ce dernier ne s'arrêtent pas là, loin s'en faut… Si l'accès à un corps d'inspection n'est pas la suite logique et évidente d'une carrière, il s'agit d'une belle possibilité de promotion, à condition toutefois d'être doté d'une solide expérience professionnelle, d'une bonne connaissance du système éducatif et d'être parfaitement en phase avec l'institution. Tendance « anar » s'abstenir…

LES INSPECTEURS ET LEURS MISSIONS

Les corps d'inspection

Les inspecteurs de l'Éducation nationale (IEN)

Il existe quatre spécialités : enseignement du premier degré, information et orientation, enseignement technique et enseignement général. Pour l'enseignement général, les IEN sont bivalents (ils représentent deux disciplines). Les IEN exercent leurs activités au niveau d'une circonscription, sous l'autorité de l'inspecteur d'académie (premier degré), ou au niveau d'une académie, pour l'enseignement technique et l'enseignement général (ils ont en charge l'enseignement professionnel).

Les inspecteurs d'académie – inspecteurs pédagogiques régionaux (IA-IPR, IPR tout court dans le jargon des profs…)

En dehors d'« administration et vie scolaire », les spécialités correspondent aux disciplines qui peuvent être enseignées dans le second degré (hors enseignement professionnel). Les IPR exercent leurs fonctions au niveau d'une académie, sous l'autorité du recteur.

Les inspecteurs généraux de l'Éducation nationale (IGEN)

On les trouve à Paris, au ministère, mais ils se déplacent également sur l'ensemble du territoire pour exercer leurs missions. Leurs spécialités sont à peu près équivalentes à celles des IPR. On trouve aussi des IGEN « enseignement scolaire ».

Les missions des inspecteurs

Les missions des IEN et IPR sont les mêmes. Ce sont les environnements dans lesquels ils les exercent qui différent. Elles nécessitent toutes des aptitudes en matière de relations humaines :

- évaluation des enseignants et des établissements ;
- animation et impulsion : rôle de conseiller des personnels et mise en œuvre de la politique éducative ;
- organisation des examens et concours ;
- participation à la conception, à l'organisation et au suivi de la formation des personnels…
- expertise et évaluation de dispositifs éducatifs, d'objectifs et d'indicateurs au niveau académique.…

L'importance relative des différentes missions varie en fonction des disciplines, de la personnalité de l'IPR, qui s'investit davantage dans tel ou tel domaine en raison de son parcours et de ses sensibilités, ainsi que des particularités de l'académie d'exercice.

Exemple d'emploi du temps d'une semaine de Jean-Philippe, IEN, ancien professeur de lycée professionnel :

	Lundi	Mardi	Mercredi	Jeudi	Vendredi
Matin	Recrutement des contractuels	Collège des IEN	Maison des examens : appel à sujet DTMS (diplôme de technicien des métiers du spectacle)	Réunion équipe maths sciences LP J. Moulin — Inspection M……	Rectorat Paris : rénovation des programmes de sciences physiques BEP et Bac Pro
Après-midi	Suivi des contractuels avec la DAE (division d'affectation des enseignants) — Prise de rendez-vous pour des inspections	Prise de contact avec la région : dossier aide en ligne (outils d'accompagnement scolaire par internet)	Réunion de travail avec les formateurs des stages du PAF	Rapport d'inspection	
Soir	Gestion des courriels				

Quant à l'Inspection générale, elle a pour mission d'évaluer les types de formations, les contenus des enseignements, les programmes, les méthodes pédagogiques, les moyens mis en œuvre. Elle assure par ailleurs le contrôle des personnels d'inspection, de direction, d'enseignement et coordonne l'action des corps d'inspection mentionnés ci-dessus.

> **BON À SAVOIR**
>
> L'aspect « représentation » du métier d'inspecteur ne vous a probablement pas échappé et cela n'est pas pour vous déplaire. Sachez que la fonction implique également une dose non négligeable de travail administratif ainsi qu'une grande disponibilité. Si vous êtes plutôt bohème et que l'organisation n'est pas votre fort, oubliez…

DEVENIR INSPECTEUR

On ne devient que rarement IGEN directement, et les conditions pour postuler, en déposant un dossier suite à la publication d'un avis de vacance de poste, sont assez restrictives ; c'est donc des deux autres corps qu'il va s'agir ici.

Les conditions à remplir pour passer le concours

Les enseignants du second degré ne sont bien sûr pas les seuls à pouvoir devenir inspecteurs ; comme c'est à eux que s'adresse cet ouvrage, les autres (à l'exception des personnels de direction, anciens enseignants) ne sont pas mentionnés ci-dessous :

- IEN : licence ou titre équivalent, ou appartenir au corps des certifiés, PLP, PEPS ou à celui des personnels de direction. Avoir cinq ans de services effectifs à son actif ;
- IA-IPR : être professeur de chaire supérieure, agrégé, personnel de direction d'établissement de première classe (ou hors classe) ou IEN. Avoir cinq ans de services effectifs à son actif (dans le corps d'inspection, pour les IEN).

En pratique :

- environ 70 % des candidats au concours d'IPR sont agrégés ;
- environ 40 % des candidats au concours d'IEN sont certifiés ou PLP.

La part des certifiés a tendance à augmenter, en dépit de la bivalence qui constitue un obstacle à contourner. Pour ce concours, ce sont les enseignants du premier degré qui dominent (plus de la moitié des inscrits), mais les enseignants du second degré ont également le droit de s'inscrire dans la spécialité « premier degré ».

> **BON À SAVOIR**
>
> Il est possible de devenir inspecteur par liste d'aptitude ou encore par détachement, suivi d'une intégration dans le corps, au bout de quelques années. Les conditions à remplir ne sont, alors, pas les mêmes.
>
> À noter également que les personnes « faisant fonction » d'IA-IPR, nommées par le recteur sur un poste qui n'avait pas trouvé preneur, peuvent être titularisées sur place, sans concours, au bout de trois ans.

Les concours

Calendrier

Pour la session 2008, l'avis de concours est paru dans un *BO* spécial de juillet 2007, les inscriptions devaient être prises en septembre-octobre, les résultats d'admissibilité étaient programmés en mars et les épreuves d'admission en avril.

Vous devez, une fois de plus, consulter régulièrement le *BOEN* pour vous tenir au courant. Les inscriptions se font par Internet, auprès de votre académie.

À noter qu'il existe, dans certaines académies, des préparations aux concours.

> **BON À SAVOIR**
>
> Toutes les spécialités ne sont pas mises au concours chaque année ! Cela dépend, évidemment, des besoins.

Admissibilité

Pas d'épreuve à passer : c'est sur dossier que vous êtes déclaré(e) admissible ou non.

Ce dernier doit, notamment, comprendre les pièces suivantes :

Un état des services	Document détaillant tout votre parcours dans l'EN, dans l'ordre chronologique.
Un CV	(▶ fiche 5) Le CV se distingue de l'état des services en ce sens qu'il permet de mettre en perspective les éléments de votre profil susceptibles d'être un plus pour l'obtention du concours.
Une lettre de motivation	(▶ fiche 6) Tournée vers l'avenir et non vers votre passé, la lettre de motivation doit éclairer les raisons de votre candidature et, surtout, la façon dont vous concevez la fonction que vous voulez occuper.
Tout élément montrant votre expérience et vos aptitudes professionnelles	Essayez d'être concis(e) dans le choix des documents que vous produisez, faute de quoi vous risquez de noyer le jury sous un flot d'informations inutiles (ce qui n'est pas propre à dénoter chez vous une aptitude à la hiérarchisation des priorités et à la synthèse… Mauvaise pioche !).
Des copies de vos cinq dernières fiches de notation	RAS

BON À SAVOIR

Un bon dossier, selon les membres de jury ? Celui qui montrera une certaine variété de l'expérience professionnelle, une bonne connaissance des niveaux d'enseignement, de l'institution…, une excellente maîtrise disciplinaire et pédagogique ainsi qu'une large culture générale.

Un conseil : lisez avec le plus grand soin les rapports de jury des années passées (disponibles sur le site du MEN), pour vous inspirer des erreurs commises par vos prédécesseurs, afin d'éviter de les faire à votre tour…

Rappelez-vous également que le plus grand soin doit toujours être apporté à la forme d'un dossier !

Admission

L'épreuve d'admission prend la forme d'un oral de 45 minutes environ, dans lequel le jury va chercher à apprécier votre connaissance du système éducatif (et de la place de votre discipline en son sein), votre expérience professionnelle et votre aptitude aux fonctions d'inspection.

BON À SAVOIR

Le fait de « faire fonction » d'IEN ou d'IPR n'est pas une raison valable pour ne pas donner le meilleur de vous-même à l'occasion du concours !

Une première phase de cinq à dix minutes sera consacrée à la présentation de votre candidature (à préparer avec le plus grand soin sans pour autant, bien entendu, donner l'impression d'avoir appris par cœur votre discours!). Puis, le jury s'entretiendra avec vous, avant de vous laisser, souvent, le mot de la fin.

> **BON À SAVOIR**
>
> Dans le cadre de votre préparation, complétez vos connaissances « livresques » du système par des entretiens, notamment avec un inspecteur titulaire du concours que vous visez.
> Rappelons également l'importance des communications verbale et non verbale (▶ fiche 7).

Taux de réussite

Paradoxalement plus élevé pour le concours d'IA-IPR que pour celui d'IEN (37 % contre 15 %), il varie énormément d'une discipline à l'autre. Des statistiques précises figurent dans les rapports de jury.

> **BON À SAVOIR**
>
> Il est également possible, pour les enseignants titulaires du MEN ayant au moins douze ans de service, atteint l'indice brut 701 et appartenant à un corps doté d'un indice brut culminant à 1015, de devenir, par détachement, inspecteur de l'enseignement agricole.
> Les vacances de postes de ce type paraissent au *BOEN*.

LA CARRIÈRE DES INSPECTEURS

La formation en alternance

Un petit retour sur les bancs de l'école…

À l'issue du concours, l'inspecteur du second degré suit, sur deux ans, une formation par alternance d'une quinzaine de semaines au total à l'ESEN (Poitiers), complétée, le cas échéant, par des journées de formation dans son académie. Il exerce, le reste du temps, ses nouvelles fonctions en autonomie. La formation de l'IEN du premier degré se fait sur un an et ce dernier se contente, par ailleurs, d'accompagner son tuteur dans ses missions.

Premier poste et mobilité

Évitez de passer un concours d'inspecteur si vous souhaitez rester dans votre académie : la mobilité est la règle, comme pour tous les postes d'encadrement de l'Éducation nationale.

Aspects financiers

Grilles indiciaires des inspecteurs

IEN	IA-IPR
Classe normale : 9 échelons (indice brut 416 à 901). La hors-classe culmine à la hors-échelle lettre A.	Classe normale : 7 échelons (indice brut 701 à la hors échelle lettre A). La hors-classe culmine à la hors-échelle lettre B.

Par ailleurs, les IEN exerçant leurs fonctions dans l'enseignement technique et l'information-orientation, ainsi que les IA-IPR, perçoivent une indemnité pour charge administrative d'environ 7 160 euros annuels.

BON À SAVOIR

Ce n'est pas parce qu'il note les enseignants que l'inspecteur n'a de comptes à rendre à personne ! Il est périodiquement évalué par son supérieur hiérarchique (inspection générale, recteur ou inspecteur d'académie-directeur des services départementaux de l'Éducation nationale (IA-DSDEN)).

TEXTES FONDAMENTAUX

- Note de service n° 2005-089 du 17 juin 2005.
- Décret n° 90-675 du 18 juillet 1990, modifié par le décret 2004-1533 du 30 décembre 2004.
- Arrêté du 25 octobre 1990, modifié par l'arrêté du 4 septembre 2006.
- Note de service annuelle relative aux concours de recrutement de personnels gérés par la direction générale des ressources humaines.

Et après? Y a-t-il encore des perspectives d'évolutions? Oh que oui!

Un IEN peut passer le concours d'IPR après cinq années effectives dans ce corps, voire le devenir sur liste d'aptitude, s'il remplit certaines conditions. Quant aux IPR, ils peuvent devenir conseillers techniques de recteur, Inspecteurs d'académie adjoints (IAA) et IA-DSDEN (par détachement), ou encore IGEN (une dizaine par an seulement). Une belle carrière en vue!

Le concours interne de l'ENA et les autres concours administratifs (hors Éducation nationale)

L'inaccessible étoile... ou une nouvelle planète

Vous en avez assez d'enseigner ? Vous êtes devenu(e) allergique au système éducatif, et ne souhaitez en aucun cas rester dans son giron, mais vous pensez tout de même que la fonction publique est une bonne mère que vous ne voudriez quitter pour rien au monde ? Si vous avez un sens aigu du service public, que vous êtes ambitieux (/se), passionné(e) par l'actualité, doté(e) d'une très bonne culture générale, d'une excellente mémoire et, enfin, d'une grande capacité de travail, pourquoi ne pas tenter d'accéder au saint des saints : l'ENA ? Il existe également d'autres voies de changement un peu moins contraignantes...

L'ENA : POURQUOI ET COMMENT ?

Les énarques... tout le monde les déteste et critique leur omniprésence dans notre système administratif, et surtout politique, mais beaucoup aimeraient bien être à leur place...

Le but du jeu

L'École nationale d'administration[1] a pour finalité de former les grands commis de l'État qui exerceront leurs fonctions dans les grands corps (Conseil d'État, Cour des comptes, Inspection des finances), la diploma-

---

1. http://www.ena.fr.

tie, la préfectorale, ou encore dans différents ministères en tant qu'administrateurs civils. La liste n'est pas exhaustive.

BON À SAVOIR

L'affectation après l'ENA dépend du classement de sortie. Les meilleurs (ceux qui sortent dans « la botte ») choisissent les postes les plus convoités, dans les grands corps. Quant aux derniers ils se contentent… de ce qui reste, et qui ne correspond pas nécessairement à leur souhait originel. Réfléchissez donc bien à ce que vous quittez avant de vous lancer dans la course au concours, et demandez-vous si tous les postes offerts sont susceptibles de vous plaire.

La formation à l'ENA

Elle dure vingt-sept mois, entrelardés de stages, et est dispensée à Strasbourg, ce qui ne favorise pas la vie de famille des non-Alsaciens.

BON À SAVOIR

Pendant votre scolarité, vous percevez une rémunération incluant une indemnité compensatrice visant à vous procurer le même traitement qu'avant le passage du concours. À la sortie de l'école, vous ne pouvez, bien entendu, percevoir moins que ce que vous gagniez avant, cependant, vous pouvez aussi ne pas avoir de « bonus » financier à la hauteur des efforts que vous avez fournis. Tout dépend du corps auquel vous apparteniez à l'origine, du nombre d'heures supplémentaires que vous réalisiez alors, et des primes auxquelles vous pouvez prétendre dans votre nouvelle fonction.

Le concours interne

Qui peut le présenter ?

Tout fonctionnaire âgé de 40 ans au plus et justifiant de quatre années de service effectif dans la fonction publique peut passer le concours interne. En pratique, mieux vaut avoir une solide, et longue, formation supérieure. Par ailleurs, plus vous attendez, plus vos chances s'amenuisent.

Les épreuves d'admissibilité

Elles ont lieu au mois de septembre.

Le nombre d'épreuves est énorme et le contenu des matières extrêmement dense : *droit public*, *économie*, *culture générale* + une matière au choix parmi les *questions sociales* et *questions européenne*s + une matière à choisir, de préférence, en fonction de son domaine professionnel, celle se rapprochant le plus de votre métier étant *gestion du système éducatif* (et encore, connaissez-vous vraiment la gestion du système éducatif?)

Si, effrayé(e) par ce qui précède, vous nourrissez encore le secret espoir que les épreuves se déroulent sous la forme de brefs QCM, détrompez-vous! À l'exception de celle de culture générale, qui consiste à produire une dissertation, les épreuves écrites du concours sont des notes de synthèse. Par ailleurs, chaque épreuve dure cinq heures.

Les épreuves d'admission

Vous n'en êtes pas encore à l'oral. Sachez tout de même que si vous êtes admissible vous devrez passer les épreuves suivantes : *finances publiques, questions internationales, questions sociales ou questions européennes* (la matière non choisie à l'écrit), langue vivante étrangère, entretien avec le jury (le terrible « grand oral ») et sport ! *Mens sana in corpore sano…*

Comme vous le voyez, long est le chemin qui conduit à faire partie de l'élite de la nation !

> **BON À SAVOIR**
>
> Le taux de réussite au concours interne est d'environ 10 % si on rapporte le nombre de lauréats aux candidats présents lors de la première épreuve. Sans commentaire.

PRÉPARER LE CONCOURS INTERNE DE L'ENA

Se préparer tout seul

Autant le dire tout de suite : c'est une mission impossible de l'obtenir dans ces conditions, même si vous êtes très doué(e) ! Qui vous conseillera en matière bibliographique ? Qui corrigera vos notes de synthèse pour vous permettre de voir si vous êtes dans la bonne direction ? Comment évaluerez-vous votre niveau par rapport aux autres candidats ?

Intégrer une préparation à l'ENA (PENA)

Il existe sept centres habilités à préparer au concours interne de l'ENA. On y entre par concours (en avril, pour une rentrée en novembre)! Vous êtes soumis(e) à deux épreuves d'admissibilité: un résumé ou une note de synthèse, ainsi qu'un exposé (4 sujets au choix, portant sur des thèmes politique, économique, social et international). Si vous passez cette première étape, vous devrez encore surmonter un entretien avec le jury.

À la clef, l'affectation dans un centre, qui peut être à plusieurs centaines de kilomètres de chez vous, pour y suivre un an de scolarité (si vous avez au moins un bac + 3, deux ans autrement). Avantage: vous êtes payé(e). Pendant la formation, vous percevez votre traitement (sans vos primes, toutefois, mais elles sont si maigres…). Votre situation, si vous êtes titulaire, est celle du détachement (cf. fiche 4).

Suivre la préparation par correspondance de l'IGPDE

L'Institut de la gestion publique et du développement économique[1], situé à Vincennes, propose, pour un prix modique, une préparation au concours interne qui vous permet de rester avec votre petite famille… mais aussi avec vos élèves. Vous recevez, tous les mois, de gros fascicules ou de petits cédéroms (mais le contenu est le même…) vous donnant des conseils, des compléments de connaissances ainsi que des devoirs à renvoyer à la correction. Sans un minimum d'assiduité, vous êtes radié(e) de

---

1. http://www.institut.minefi.gouv.fr (site de l'IGPDE).

la préparation. Deux concours blancs par an sont, par ailleurs, organisés à Vincennes.

> **BON À SAVOIR**
>
> Les documents envoyés par l'IGPDE ne sont pas des « cours » : pour les connaissances de base, vous devez faire l'acquisition de manuels appropriés, qu'il est préférable d'avoir lus avant le début de la préparation.

Vous n'êtes pas découragé(e) ? Si ? Alors la suite peut vous intéresser…

CHANGER D'AIR DANS LA FONCTION PUBLIQUE

Si le principe de mobilité des fonctionnaires au sein de la fonction publique est inscrit dans la loi[1], son application n'est pas encore vraiment à l'ordre du jour.

Pour l'instant, les changements peuvent se faire, temporairement, par le biais de la mise à disposition ou du détachement (▶ fiches 4 et 24), ou définitivement… en passant un concours, même si le corps que vous visez est équivalent au vôtre !

Les trois fonctions publiques

On distingue :

- la fonction publique d'État (à laquelle vous appartenez) ;
- la fonction publique hospitalière, au sein de laquelle il n'y a pas que des professions de soin ;
- la fonction publique territoriale, riche de très nombreux métiers.

Dans les deux premières, l'obtention d'un concours vous donne un poste, dans la troisième, cela ne vous procure que l'inscription sur une liste d'aptitude, à charge pour vous de trouver un emploi, dans des conditions similaires à celles du secteur privé. Gros avantage : la mobilité territoriale (qui existe aussi dans la fonction publique hospitalière). Inconvénient majeur : il existe ce que l'on appelle des « reçus-collés », qui ne peuvent trouver de collectivité pour les embaucher…

---

1. Loi sur la modernisation de la fonction publique du 2 février 2007.

Passer un concours

Avant toutes choses, un minimum de réflexion s'impose, car vous savez ce que vous perdez, pas ce que vous allez trouver…

Concours d'accès à la fonction publique : sites de référence

http://www.fonction-publique.fr	Le site du ministère de la Fonction publique : informations sur les trois fonctions publiques, fiches-métiers, calendriers de très nombreux concours et liens vers d'autres sites ministériels pour les concours non mentionnés.
http://sante.gouv.fr	Le site du ministère de la Santé. Infos sur les concours de la fonction publique hospitalière.
http://www.cnfpt.fr	Le site du Centre national de la fonction publique territoriale vous donne toutes les informations nécessaires sur les concours de catégorie A de cette fonction publique. Vous pouvez même consulter, outre la nature et le calendrier des épreuves, des annales qui vous donnent une nette idée du degré d'exigence. Des offres d'emploi figurent également sur ce site.

BON À SAVOIR

Selon votre spécialité, il risque de vous être très difficile de trouver un concours administratif dont les épreuves correspondent à vos connaissances dans la discipline que vous enseignez. Les juristes et économistes sont, de ce point de vue, beaucoup mieux lotis que les autres.

Au début des années 2000, j'étais professeur de sciences économiques et sociales depuis plusieurs années et je ressentais comme une limite la position d'observateur et d'analyste de l'enseignant, autant que l'envie de participer davantage à la régulation des activités économiques et sociales.

J'ai présenté le concours pour accéder au cycle préparatoire de l'ENA. J'ai été déconcertée par l'épreuve de note de synthèse, très différente de la dissertation.

Le cycle préparatoire organisé par le ministère des Finances à l'IGPDE de Vincennes m'a laissé d'excellents souvenirs. Le concours proprement dit est proche du cauchemar. Peut-être les choses évolueront-elles, mais l'accueil de l'administration autant que des jurys est glacial voire désa-

gréable. Fort heureusement la seconde année, j'ai pu passer en parallèle le concours de l'INET formant les futurs administrateurs territoriaux. Concours extrêmement sympathique en comparaison. J'ai intégré dans la foulée l'Institut national des études territoriales (INET), ayant échoué à l'ENA à deux reprises – en grande partie à cause du grand oral... Il me semble essentiel pour un professeur de particulièrement bien préparer l'argumentaire sur son projet de reconversion, car dans l'ensemble les hauts fonctionnaires sont peu indulgents par rapport au corps enseignant. Un prof qui souhaite se réorienter est soupçonné de manquer d'autorité, de vouloir échapper aux difficultés du métier, et on ne le gratifie a priori d'aucune capacité au management.

Le cycle de formation à l'INET à Strasbourg est décevant pour sa partie théorique. En revanche les quatre à cinq stages en collectivités territoriales durant ces dix-huit mois sont passionnants. Il reste cependant au futur administrateur à être recruté à l'issue de la scolarité.

J'ai fort heureusement trouvé un poste correspondant à mes rêves auprès d'un Conseil régional et suis ravie de cette reconversion. Je retiens cependant que c'est un parcours de longue haleine pendant lequel on n'est nullement accompagné par l'administration de l'Éducation nationale. Bien au contraire, les procédures de détachement et de réintégration sont fastidieuses. Là encore la vigilance s'impose. »

Anne, administrateur territorial,
ancien professeur agrégé de sciences sociales.

Tout ceci ayant été dit, pensez bien que la mobilité programmée a de fortes chances de vous offrir, dans l'avenir, des possibilités de changement sans concours. Il est des cas dans lesquels il est urgent d'attendre...

Annexes

Sigles et abréviations

A

AFPA : Association nationale pour la formation professionnelle des adultes

APV : Affectation à caractère prioritaire justifiant une valorisation

ASH : Adaptation scolaire et scolarisation des élèves handicapés

B

BEP : Brevet d'études professionnelles

BOEN : *Bulletin officiel du ministère de l'Éducation nationale*

BTS : Brevet de technicien supérieur

C

CA : Conseil d'administration

CAER-agrégation : Concours d'accès à l'échelle de rémunération de professeur agrégé (pour les enseignants du privé)

CAP : Commission administrative paritaire

CAPA : Commission administrative paritaire académique

CAPEPS : Certificat d'aptitude au professorat d'éducation physique et sportive

CAPES : Certificat d'aptitude au professorat de l'enseignement du second degré

CAPESA : Certificat d'aptitude au professorat de l'enseignement secondaire agricole

CAPET : Certificat d'aptitude au professorat de l'enseignement technique

CAPETA : Certificat d'aptitude au professorat de l'enseignement technique agricole

CAPLP2 : Certificat d'aptitude au professorat de lycées professionnels

CAPN : Commission administrative paritaire nationale

CDDP : Centre départemental de documentation pédagogique

CERPET : Centre d'études et de ressources pour les professeurs de l'enseignement technique

CESC : Comité d'éducation à la santé et à la citoyenneté

CNAM : Conservatoire national des arts et métiers

CNDP : Centre national de documentation pédagogique

Cned : Centre national d'enseignement à distance

CNRS : Centre national de la recherche scientifique

COM : Collectivité d'outre-mer

COP : Conseiller d'orientation-psychologue

CPE : Conseiller principal d'éducation

CPGE : Classe préparatoire aux grandes écoles

CRDP : Centre régional de documentation pédagogique

CVL : Conseil de la vie lycéenne

D

DAE : Division d'affectation des enseignants

DAFCO : Délégation académique à la formation continue

DCG : Diplôme de comptabilité et de gestion

DEA : Diplôme d'études approfondies

DESS : Diplôme d'études supérieures spécialisées

DGESCO : Direction générale de l'enseignement scolaire

DIF : Droit individuel à la formation

DOM : Département d'outre-mer

DTMS : Diplôme de technicien des métiers du spectacle

EN : Éducation nationale

ENA : École nationale d'administration

ENS : Écoles normales supérieures

ENSAM : École supérieure d'arts et métiers

EREA : Établissement régional d'enseignement adapté

F

FSE : Foyer socio-éducatif

G

GIP-FCIP : Groupement d'intérêt public « formation continue et insertion professionnelle »

Gréta : GRoupement d'ETAblissements (formation continue)

H

HC : Hors classe

HDR : Habilitation à diriger des recherches

HSA : Heure supplémentaire année

HSE : Heure supplémentaire effective

I

IAA : Inspecteur d'académie adjoint

IA-DSDEN : Inspecteur d'académie-directeur des services départementaux
   de l'Éducation nationale

IA-IPR : Inspecteur d'académie-inspecteur pédagogique régional

IEN : Inspecteur de l'Éducation nationale

IEP : Institut d'études politiques

IGEN : Inspecteur (ou inspection) général(e) de l'Éducation nationale

IGPDE : Institut de la gestion publique et du développement économique

INET : Institut national des études territoriales

INM : Indice nouveau majoré

INRA : Institut national de la recherche agronomique

ISOE : Indemnité de suivi et d'orientation des élèves

IUFM : Institut universitaire de formation des maîtres

IUT : Institut universitaire de technologie

L

LEGT : Lycée d'enseignement général et technologique

M

MEN : Ministère de l'Éducation nationale

MESR : Ministère de l'Enseignement supérieur et de la recherche

MGEN : Mutuelle générale de l'Éducation nationale

N

NBI : Nouvelle bonification indicaire

NS : Note de service

P

PAF : Plan académique de formation

PENA : Préparation à l'ENA

PEPS : Professeur d'éducation physique et sportive

PLP : Professeur de lycée professionnel

PRAG : PRofesseur AGrégé (affecté dans l'enseignement supérieur)

PRCE : PRofesseur CErtifié (affecté dans l'enseignement supérieur)

R

RLR : Recueil des lois et règlements

S

SIAC : Système d'information et d'aide aux concours

SIAD : Système d'information et d'aide au détachement

SIAM : Système d'information et d'aide pour les mutations

SIAP : Système d'information et d'aide aux promotions

SIAT : Système d'information et d'aide pour l'affectation des personnels enseignants dans les collectivités d'outre-mer

T

TD : Travaux dirigés

TIC : Technologies de l'information et de la communication

TP : Travaux pratiques

TZR : Titulaire de zone de remplacement

U

URSSAF : Union de recouvrement des cotisations de Sécurité sociale et d'allocations familiales

V

VAE : Validation des acquis de l'expérience

VAP : Validation des acquis professionnels

Traitement, avancement et notation des enseignants

Traitement, avancement et notation des agrégés de classe normale

Échelon	Indice brut	INM	Note administrative			Avancement		
			Mini	Moyenne	Maxi	Grand choix	Choix	Ancienneté
1	427	379	32	34	35			3 mois
2	506	436	32	34	35			9 mois
3	565	478	32,2	34,1	36			1 an
4	618	518	32,5	34,7	37	2 ans		2 ans 6 mois
5	664	554	33,5	35,8	38	2 ans 6 mois	3 ans	3 ans 6 mois
6	716	593	34,5	37,1	39	2 ans 6 mois	3 ans	3 ans 6 mois
7	772	635	36	38,1	40	2 ans 6 mois	3 ans	3 ans 6 mois
8	835	684	37	38,9	40	2 ans 6 mois	4 ans	4 ans 6 mois
9	901	734	37,5	39,4	40	3 ans	4 ans	5 ans
10	966	783	38	39,6	40	3 ans	4 ans 6 mois	5 ans 6 mois
11	1015	821	38,5	39,8	40			

Traitement, avancement et notation des certifiés et PEPS de classe normale

Échelon	Indice brut	INM	Note pédagogique				Note administrative				Avancement		
			Zone C (20 %)	Zone B (50 %)	Zone A (30 %)	Médiane	Mini.	Moyenne	Max.	Grand choix	Choix	Ancienneté
1	379	349	32 à 36	37 à 41	42 à 47	39,5	30	33,3	35			3 mois
2	423	376	32 à 36	37 à 41	42 à 47	39,5	30	33,3	35			9 mois
3	450	395	32 à 36	37 à 41	42 à 47	39,5	30	33,3	35			1 an
4	480	416	32 à 36	37 à 41	42 à 47	39,5	31	34,2	36	2 ans		2 ans 6 mois
5	510	439	33 à 37	38 à 42	43 à 48	40,5	33,5	35,6	37,5	2 ans 6 mois	3 ans	3 ans 6 mois
6	550	467	34 à 38	39 à 43	44 à 49	41,5	34,5	37	38,5	2 ans 6 mois	3 ans	3 ans 6 mois
7	587	495	35 à 39	40 à 44	45 à 50	42,5	36	38	39	2 ans 6 mois	3 ans	3 ans 6 mois
8	634	531	36 à 40	41 à 45	46 à 51	43,5	36,5	38,7	39,5	2 ans 6 mois	4 ans	4 ans 6 mois
9	682	567	38 à 42	43 à 47	48 à 53	45,5	37	39,1	40	3 ans	4 ans	5 ans
10	741	612	40 à 44	45 à 49	50 à 55	47,5	38	39,3	40	3 ans	4 ans 6 mois	5 ans 6 mois
11	801	658	42 à 46	47 à 51	52 à 57	49,5	38,5	39,6	40			

Traitement et avancement et notation des PLP de classe normale

Échelon	Indice brut	INM	Note pédagogique			Note administrative			Avancement		
			Mini.	Moyenne	Max.	Mini.	Moyenne	Max.	Grand choix	Choix	Ancienneté
1	379	349		36			36				3 mois
2	423	376		36,8			36,8				9 mois
3	450	395		37,6			37,6				1 an
4	480	416		39,2			39,2		2 ans		2 ans 6 mois
5	510	439	37,5	40,8	43	37,5	40,8	43	2 ans 6 mois	3 ans	3 ans 6 mois
6	550	467	39	42,4	45	39	42,4	45	2 ans 6 mois	3 ans	3 ans 6 mois
7	587	495	42	44,5	47	42	44,5	47	2 ans 6 mois	3 ans	3 ans 6 mois
8	634	531	43,5	46,6	49	43,5	46,6	49	2 ans 6 mois	4 ans	4 ans 6 mois
9	682	567	45	48,7	51	45	48,7	51	3 ans	4 ans	5 ans
10	741	612	48	50,6	53	48	50,6	53	3 ans	4 ans 6 mois	5 ans 6 mois
11	801	658	49,5	52,4	54	49,5	52,4	54			

Traitement et avancement des agrégés, certifiés, PEPS et PLP hors classe et agrégés de chaire supérieure

	Agrégés de chaire supérieure				Agrégés hors classe			Certifiés, PLP… hors classe		
Echelon	Indice brut	INM	Choix (30 %)	Ancienneté	Indice brut	INM	Durée	Indice brut	INM	Durée
1	801	658	1 an 3 mois	2 ans	801	658	2 ans 6 mois	587	495	2 ans 6 mois
2	852	696	1 an 3 mois	2 ans	852	696	2 ans 6 mois	672	560	2 ans 6 mois
3	901	734	1 an 3 mois	2 ans	901	734	2 ans 6 mois	726	601	2 ans 6 mois
4	966	776	1 an 3 mois	2 ans	966	776	2 ans 6 mois	780	642	2 ans 6 mois
5	1015	821	3 ans 6 mois	6 ans	1015	821	4 ans	850	695	3 ans
6	HEA 3			1 an par ch.	HEA 3	963	1 an par ch.	910	741	3 ans
7								966	783	3 ans

HEA : hors échelle lettre A

Ch : chevron (le 6e échelon de la HC des agrégés comporte 3 chevrons)

Grille de notation des PRAG et PRCE de classe normale

Échelon	Agrégés		Certifiés	
	Mini	Maxi	Mini	Maxi
1	74	82	60	82
2	74	82	60	82
3	74	82	60	82
4	74	85	61	83
5	77	87	67	86
6	79	89	69	88
7	81	91	71	89
8	84	93	73	91
9	86	95	75	93
10	89	97	78	95
11	91	100	80	99

La valeur du point d'indice au 1er février 2007 était de 54,41 € pour le traitement brut annuel, soit 4,53 € pour le traitement brut mensuel. Il faut suivre ses revalorisations avec attention.